KB169599

늠름한 소국

凜とした小国
伊藤千尋 著

름 한
소 국

나는 작은 나라들

스타리카 쿠바 우즈베키스탄 미얀마

나름북스

차례

한국의 독자 여러분께

글로벌리즘 시대가 되면서 세계 구석구석을 꽤 쉽게 다닐 수 있게 되었다.

하지만 그렇다 하더라도 아직은 낯선 나라가 많다. 게다가 멀리 떨어져 있는 나라나 정치적 사정으로 입국이 어려운 나라는 더욱이 그 모습을 알기 어렵다. 이렇듯 평소 언론에 빈번히 등장하지 않는 작은 나라를 내부에서 자세히 관찰하다 보면 뜻밖의 발견을 하게 된다. 이 책에 등장하는 네 나라가 모두 그런 나라들이다.

코스타리카는 1949년 평화헌법을 시행하면서 군대를 완전히 없앴다. 평화학에서 말하는 적극적 평화주의를 외교 정책으로 채택해 작은 나라지만 세계 평화를 이끌고 있다. 또한 초등학생부터 민주주의와 인권을 제대로 교육하고 어린이라도 위헌소송을 제기한다. 100만 명 규모의 난민을 수용한 것 외에, 환경면에서는 거의 100%의 자연에너지를 달성하고 있다.

독자적인 사회주의체제를 유지하고 있는 쿠바는 주로 미국의 입장에 선 캠페인 때문에 상당한 오해를 받고 있다. "미국의 뒷마당"이라 불리는 중남미에서 1959년 혁명 이후 일관되게 초강대국에 굴하지 않고 자립을 유지해 온 것으로 유명하지만, 막상 이 나라에 가 보면 사람들의 명랑함에 놀라는 동시에 강대국 바로 옆에서 그들을 농락하는 만만찮은 모습에 감탄하게 된다.

중앙아시아의 우즈베키스탄은 실크로드에 자리 잡은 나라다. 유럽과 중동 지역의 문화는 이곳에서 중국을 거쳐 한국과 일본으로 건너왔다. 말하자면 우리 문화의 뿌리다. 현지를 방문하면 일상적으로 사용하는 그릇과 문양 등이 향수를 불러일으킨다.

마지막에 나오는 미얀마를 찾아간 건 민주화 직후였다. 오랫동안 군사정권의 탄압을 받은 아웅산 수치 여사가 정상에 오르면서 국정이 크게 바뀌었다. 한편 로힝야 난민에 대한 비인도적인 처사가 최근 세계로부터 비난을 받고 있는데, 이 나라 역사를 알고 나면 정치적 방향 설정에 왜 이런 어려움을 겪을 수밖에 없는지 깨닫게 될 것이다.

미얀마 민주화의 전기는 1988년이다. 이 해는 필자와 한국의 관계에 있어서도 큰 의미가 있다. 군사정권하에 있다가 민주화를 이룬 한국의 모습을 그해 2월 처음으로 현지 취재했기 때문이다. 대구에 가서 막 대통령이 된 노태우 전 대통령의 생가를 방문하고, 광주에서는 그의 집권에 반대하는 시위대 가운데서 최루탄 내음을 맡았다. 서울의 서점에는 출간 금지가 해제된 책들이 쏟아져 나와 신선한 지식을 얻기 위해 사람들이 몰리고 있었다. 창간 준비에 한창이던 〈한겨레신문〉을 방문해 송건호 사장과 두 시간 동안 인터뷰도 진행했다.

왕성한 지식욕과 정치적 행동력으로 가득 찬 한국 독자 여러분의 통찰력 깊은 시야에 이 책이 들어가게 됐다. 사회적 다양성을 중시하는 나름북스에서 한국어판이 나온다는 소식은 기쁘기 그지없는 일이었다. 실로 이 책의 주제의식을 공유하는 출판사이기 때문이다. 게다가 번역은 언어에 능통한 번역가이자 필자와 같은 저널리스트인 홍상현 씨가 맡았다. 전폭적인 신뢰를 보낸다.

아무쪼록 이 책이 한국 독자 여러분께 새로운 세계의 모습을 전하는 계기가 되기를 바라마지 않는다.

2020년 10월 16일 도쿄에서

이토 치히로

머리말

평화헌법에 따라 정말 군대를 없앤 중미 코스타리카에서는 초등학생이 위헌소송을 제기한다. 도쿄 와코초등학교에서 이 나라에 관해 이야기하자 6학년 사쿠라이 소라가 말했다.

"일본을 코스타리카처럼 만들자!"

미국과의 국교를 회복한 쿠바에서는 카스트로 사후 개인숭배를 허용하지 않는다. 체 게바라의 직속 부하는 체의 매력이 어머니로부터 비롯된다고 했다.

실크로드의 중심지, 중앙아시아 우즈베키스탄에 숨 쉬고 있는 고대문화는 고대유물이 소장된 쇼소인正倉院과 이어진다. 일본에서는 "위험한 나라"로 불리지만 터무니없다. 막상 방문해 보니 너무나 안전한 곳이었다. 게다가 예전에 소련이라는 초강대국의 산하 공화국이었던 이 나라는 다른 나라들과 달리 자립에도 성공했다.

막 민주화를 이룩한 미얀마에 갔을 때 군사 독재 정권하에서 탄압받던 한 언론의 편집장이 들려준 이야기는 "우리 저널리스트의 주체적인 요구는 자유로운 발언을 보장하라는 것입니다. 우리는 보도의 자유를 반드시 쟁취할 겁니다"라는 굳은 각오였다.

*
미얀마에서의 보도의 자유를 주장하는 주간지 편집장 루라소. =2016년, 양곤

지금, 작은 나라들이 빛나고 있다.

전후의 일본은 '대국大國'을 의식하며 대국을 지향해 왔다. 그러나 이제 세계에서 대국의 존재감이 점차 사라지고 있다. 지금껏 다른 나라를 우격다짐으로 굴복시킨 업보를 테러와 난민 유입이라는 형태로 돌려받으며, 미국도 유럽도 빗장을 걸어 잠그는 데 열심이다. 자신을 잃고 폐쇄적으로 되어 가위눌리는 것이 오늘날 선진국의 모습이다.

이와는 대조적으로 세계에 통용되는 가치관을 지니고 가슴을 펴며 독자적인 나라를 만드는 작은 나라들이 있다. 세계의 모범이 될 만한 가치관을 가진 나라도 있다. 억압받아 온 인권과 민주주의를 쟁취하기 위해 지배세력에 맞서는 모습은 인간의 존엄을 느끼게 한다. 모두 발전도상에서 역사적, 경제적 사정으로 인해 많은 곤경을 겪고 있지만, 힘내 살아가려는 모습에서 배울 점은 또 얼마나 많은가.

세계가 글로벌리즘 풍조로 내몰려 인간성을 상실해가는 시대에 경제적으로 곤궁할지라도 인간으로서 마음의 풍요로움을 추구하며 자립한 사회가 보인다. 독자의 가치관을 견지하고 늠름하게 주장하는 모습이야말로 진정한 대국의 그것 아닐까 하는 생각마저 든다.

이 책에서 다루는 네 나라는 모두 이 같은 요소를 지니고 있다. 물론 늠름한 자세가 영원히 지속되지 않을 수도 있고, 내부의 어려움이나 국제적 역학관계로 인해 열의가 시들어버릴 수도 있다. 그럼에도 오늘날 지구상에서 그들이 보여주는 의연한 자세는 반드시 평가받을만한 가치가 있다.

대국을 지향하거나 대국에 아첨하는 일은 이제 그만두자. 작더라도 빛나는 소국 민중의 존재감을 음미하며, 우리 사회를 어떻게 만들어갈지 참고하자.

I 장

평화를 활용하는 코스타리카

시작하며

세계에서 가장 행복한 나라

"안녕하세요, 안녕히 가세요" 등과 같은 매일의 인사가 "푸라 비다Pura Vida"인 나라가 있다. 스페인어로 '순수한 인생' 혹은 '청아한 삶'이라는 의미다. 일본에서는 아침부터 저녁까지 "수고하십니다"라는 말을 들을 때마다 우울해지지만, "순수한 인생"이라는 소리를 들으면 피로도 말끔히 사라지고 즐거워진다. 이것이 코스타리카다.

이 나라는 1949년 일본에 이어 세계에서 두 번째로 평화헌법을 제정했다. 일본과는 다르게 완전히 자발적으로 만들었고, 게다가 정말로 군대를 없앴다. 군함도 전투기도 전차도 없다. 주변 중남미 국가들이 내전으로 세월을 보내던 시대에도 이 나라만은 평화를 유지했다. 더욱이 옛 코스타리카 대통령은 1987년 노벨평화상을 받았다. 내전 중이던 주변 세 나라를 돌며 전쟁이 끝나게 해서다. 그가 행한 것은 '평화의 수출'이다. 자발적으로 평화와 중립을 지킴으로써 세계에 평화를 확산시키는 평화국가로서의 지위를 확립한 것이 이 나라의 평화외교다.

군대를 없앰으로써 책정 근거가 사라진 국방비는 교육비로 충당됐다. 당시 슬로건이 "병사의 수만큼 교사를 만들자"다. 이후 국가 예산의 약 30%가 교육비로 쓰이면서 중남미 국가 중에서는 기적적인 교육 대국이 되었다. 더욱이 "병영을 박물관으로 만들자"고 호소해 현실화시켰다.

교육의 축은 인권과 소통이다. 초등학교에서 처음으로 가르치는 것은 "누구나 사랑받을 권리가 있다"라는 말이다. 혹시 자신이 국가나 사회로부터 사랑받지 않는다고 생각한다면 위헌소송을 제기할 수 있다고 여섯 살 때부터 배운다. 이로 인해 초등학생의 위헌소송이 현실에서 일어났다. 일본에서는 있을 수 없는 일이다.

이 나라에서는 대통령선거를 할 때마다 초·중학교는 물론 유치원 아이들도 모의투표에 참여한다. 그저 형식만 흉내 낸 것이 아니라 부모들과 아이들, 그리고 교사들까지 논의에 참여해 어떤 후보가 좋을지 스스로 결정한다. 수업도 대화 형식이 많다. 이렇게 어린 시절부터 민주주의를 체감한다.

미국 트럼프 정권이 국경에 벽을 쌓고, 유럽에서는 난민을 향해 빗장을 채우는 시대에 코스타리카는 "누구도 배제하지 않는다"라는 기치를 내걸었다. 내전 때문에 부흥이 늦어진 이웃나라로부터 경제 난민화된 사람들이 밀려들었지만 모두 받아들였다. 난민의 아이도 코스타리카에 살면 무상 교육과 의료를 제공받는다. 게다가 3년만 거주하면 국적도 취득할 수 있다. 이로 인해 4000만 명이던 인구가 5000만 명이 되었다. 인구의 4분의 1에 해당하는 이민자를 받아들인 것이다.

나아가 환경문제와 관련해서는 국제적으로 선진국이자 에코투어의 발상지다. 국토의 4분의 1을 국립공원과 자연확보구역으로 지정해 생물 보호에 힘쓴 결과, 홋카이도보다 좁은 면적의 코스타리카에 세계 전 생물종의 6%가 서식한다. 자연에너지가 99%를 점하고, 원전을 건설할 계획은 과거에도, 앞으로도 없다고 정부는 단언한다.

일본에서라면 생각조차 할 수 없는 현상이 지극히 일상적으로 벌어지는 코스타리카에 가 보자. 나는 1984년 이래 종종 코스타리카를 찾았고, 최근에는 2012년, 2015년, 2017년에 연이어 방문했다. 나리타공항에서 미국까지 12시간 정도 날아가 남부 텍사스에서 환승해 남하하면 4시간 뒤 중미 코스타리카의 수도 산호세에 도착한다. 공항 벽에는 폭포수가 떨어지는 녹음 우거진 숲 포스터와 선명한 색상의 주둥이가 큰 새 그림에 "세계에서 가장 행복한 나라, 코스타리카에 오신 것을 환영합니다"라고 적혀 있다.

사실 2014년 영국 싱크탱크의 세계 151개국 행복지수 발표에서 "세계에서 가장 행복한 나라"로 거론된 곳이 코스타리카였다. 그 후 세계 여러 조사에서도 늘 상위를 점했다. 2017년 UN의 「세계행복지수 보고서」에서도 개발도상국 가운데 1위였다. 독일보다도 높고 51위인 일본보다는 까마득한 위였다.

헌법을 활용해 평화입국, 교육입국, 환경입국을 실현한 나라, 세계에 자랑하는 민주주의와 인권의 나라인 이곳의 현상과 유래, 우리 사회에 주는 힌트를 알아보자.

제1절

평화 브랜드 구축

군대 금지

코스타리카는 일본에 이어 세계에서 두 번째로 평화헌법을 제정했다. 일본의 헌법이 시행된 지 2년 뒤인 1949년 시행된 것이 현재의 코스타리카 헌법이다. 그 12조에 "상설 조직으로서의 군대를 금지한다"고 명기했다.

일본과 다른 것은 완전히 자주적으로 평화헌법을 제정했다는 점과 조문대로 군대를 폐지했다는 점, 한편으로 교전권을 인정한다는 점이다. 침략을 당하면 대통령이 국민에게 호소해 지원병을 모집하게 되어 있다. 하지만 그럴 필요가 없다. 군대를 갖지 않고도 평화를 지키고 있기 때문이다.

*
"병영을 박물관으로 만들자"는 슬로건대로 국립박물관이 된 구 육군참모부.
=산호세

그들은 왜 자주적으로 군대를 없앤 걸까?

헌법이 태어나기 한 해 전인 1948년 이 나라에 내전이 일어났다. 선거 부정을 둘러싸고 정치적으로 대립하던 사람들의 무력 충돌로 2000여 명의 사망자가 나왔다. 군대와 무기가 있으면 문제를 무력으로 해결하려 하고, 이는 사회를 파괴한다. 이런 반성에서 군대를 폐지하려는 발상이 태어난 것이다.

또 하나는 국가 예산의 많은 비중을 차지하던 군사비다.

당시까지 코스타리카 한 해 예산의 약 3할은 군사비가 점하고 있었다. 군함, 전투기 등 군사력 유지에는 돈이 든다. 그래서 군사비를 없애고 예산을 다른 부분으로 돌림으로써 사회 발전으로 이어가야겠다고 생각한 것이다. 이에 따라 등장한 슬로건이 몇 개 있다. "트랙터는 전차보다 도움이 된다", "병영을 박물관으로 만들자" 등이다.

수도 중심부에 병영으로 사용된 것으로 추정되는 요새 같은 건물이 서 있다. 외벽에는 총탄 흔적이 남아 있다. 옛 군 참모부, 즉 구舊 일본군으로 치면 대본영이었던 곳이 지금은 국립박물관이 되었다. 평화헌법을 만들 당시 슬로건에 따라 문자 그대로 병영을 박물관으로 만들었다. 선사시대부터 현대에 이르는 코스타리카의 역사가 전시되어 있는데, 특히 군대를 없애고 평화를 지향했던 정치 흐름을 자세히 설명한다. 정면 벽돌 벽의 녹색 금속판에는 "무기는 승리를 가져오지만, 자유를 가져오는 것은 법률뿐이다"라는 말이 쓰여 있다. 군대 폐지 당시 호세 피게레스 대통령의 말이다. 평화헌법을 제정할 때 그는 이 장소에 해머를 박아 넣어 국군 폐지를 선언했다.

이제 호세 피게레스 대통령은 고인이 되었지만, 수도 교외 자택에 사는 그의 부인 카렌 올센을 만나 당시 이야기를 들었다. 그녀 또한 국회의원과 UN 대표를 지낸 정치가다. 벽 한 면이 책으로 빼곡하게 채워진 서재에 마주 앉았다.

"코스타리카가 군대를 없앤 당시의 일을 자세히 말씀드릴게요. 계기는 부정선거였습니다. 투표함이 도난당했거든요. 이를 둘러싸고 대립이 일어났죠. 당시 민주주의 투사로서 떨쳐 일어난 게 교사와 전문직 종사자 등 고등교육을 받은 사람들입니다. 싸움에서 승리한 새로운 정부는 선거의 공정성을 지키겠다고 선언했어요.

정부의 중심에 있던 남편은 당시 우리가 맞닥뜨린 문제를 고민했지요. 고작 이것뿐인 예산을 군대에 쓸 건지, 아니면 현재 직면한 문제에 사용할 건지를요. 답은 일목요연했습니다. 큰 반대 없이 모두가 군대 폐지를 결정한 거죠. 그로부터 60년이 지났지만, 군대가 있는 편이 좋았다고 생각하는 코스타리카인은 한 명도 없습니다. 교육 받은 사람들이 교육의 중요성을 설파한 덕분에 군대를 갖지 않고 지낼 수 있었던 거예요. 교육 받은 사람들만이 장래를 응시하고 행동할 수 있습니다. 동기를 가진 국민은 스스로 일어나 나라를 좋은 방향으로 이끌 수 있어요."

그렇다면 군대를 없애고 어떻게 평화를 유지할 수 있었을까?

진정한 적극적 평화

이는 진정한 적극적 평화를 정책적으로 추구했기 때문이다.

1980년 당시 로드리고 카라소 대통령은 인류 사회에 "이해와 관용, 평화공존"의 정신을 확산시키자며 UN에 제안해 UN평화대학을 설립했다. 코스타리카는 수도 산호세 교외 부지를 이 대학에 제공했고, 지금도 세계 여러 나라 학생들이 찾아와 세계가 평화로워지기 위해 해야 할 일을 배운다. 일본인 교수도 있다.

중남미는 중미, 남미, 카리브해 등 3개 지역으로 나뉘며, 코스타리카는 중미 지역에 있다. 1980년대 중미에서는 3개국이 내전을 치렀다. 코스타리카에 인접한 니카라과, 엘살바도르, 과테말라다. 이른바 '중미분쟁'이다. 당시 미국 레이건 대통령은 코스타리카에 비행장 건설 원조를 제안했다. 미국이 지원하는 니카라과 우파 게릴라를 위한 것이었다.

당시 코스타리카의 루이스 알베르토 몽헤 대통령은 일

언지하에 이를 거절했다. 한발 더 나아가 1983년 "영구적이고 적극적인 비무장 중립"을 선언했다. 코스타리카가 국제분쟁에 휘말리게 하지 않음은 물론, 대국인 미국으로부터도 자립하는 외교 전개를 명확히 한 것이다.

1986년 선거에서 당선된 오스카르 아리아스 대통령은 전쟁 중이던 세 나라를 돌며 내전 종식의 길을 열었다. 그 공적으로 그는 1987년 노벨평화상을 수상한다. 그가 추진한 것이 "평화의 수출"이다. 평화헌법을 가진 나라는 자국뿐 아니라 주변을, 나아가 세계를 평화롭게 할 책임이 있다는 생각에 따른 것이었다.

아리아스는 대통령 취임 직후 UN총회에서 이렇게 연설했다.

"저는 무기를 갖지 않은 나라에서 왔습니다. 우리나라 아이들은 전쟁을 겪은 적이 없습니다. 무장한 헬리콥터나 군함은 물론 총조차 본 적이 없습니다. 저는 소국이지만 민주주의의 역사를 자랑하는 나라에서 왔습니다. 우리나라에서는 여자아이든 남자아이든 탄압이라는 걸 모릅니다."

나는 아리아스를 일본에 초대한 적이 있다. 1995년 〈아사히신문〉이 주최한 심포지엄의 패널로 부른 것이다. 그때

단상에 오른 그는 "우리에게 있어 가장 좋은 방위 수단은 방위 수단을 갖지 않는 일"이라고 발언했다. 명언 아닌가.

이 일이 있기 3년 전 일본 자위대가 처음으로 캄보디아에 파견됐다. 나리타공항에서 그를 맞이한 나는 도쿄로 향하던 차 안에서 그의 의견을 물었다.

"일본은 국제 공헌이라는 미명하에 자위대를 파병했지만, 어떤 미사여구를 쓰더라도 군복을 입은 인간이 가면 반드시 현지인들로부터 미움을 받습니다. 그보다 더 일본다운 공헌 방법이 있을 거예요. 캄보디아는 지금껏 내전이 이어져 병자나 부상자가 많아요. 그러니 의사들을 보내면 되지 않을까요? 백의의 의사가 군복을 입은 군인보다 훨씬 환영받으니까요."

'과연' 하며 납득하는 사이 그가 말을 이었다.

"그다음으로 필요한 건 캄보디아의 산업 부흥입니다. 캄보디아의 산업은 농업으로, 일본과 마찬가지로 무논 경작을 하지요. 일본 농민을 파견해 단보당 수확량 세계 1위의 일본 농업 기술을 가르치면 됩니다. 그렇게 한다면 캄보디아의 모든 논이 벼로 가득 차 모두 배불리 먹을 수 있게 될 겁니다. 배불리 먹을 수 있으면 전쟁 같은 건 하지 않아요.

다음은 캄보디아의 장래입니다. 장래를 결정하는 건 교육이고요. 교사를 파견해 국제적으로 뛰어난 일본의 교육을 전하는 겁니다."

놀라웠다. 확실히 그렇게 한다면 감사도 받을뿐더러 누구도 반대하지 않을 테니까. 지체 없이 이런 아이디어가 나오는 건 평소에도 상대 입장에서 국제 공헌을 해 왔기 때문이리라. 캄보디아 파병에 즈음한 논의에서 이런 안이 일본 시민사회에서 나와 여론의 지지를 받았더라면 파병보다 민간 지원이 우선했을지도 모른다.

아리아스의 행동과 발언은 국제적으로는 평화 연구에 따른 사고방식을 실천한 것이다. 북유럽이나 미국에서 발전한 평화 연구에서는 단지 전쟁 없는 상태를 소극적 평화라 부른다. 그러나 일견 평화롭게 보이더라도 기아나 빈곤, 학대나 차별, 사회 격차 등 구조적인 폭력은 존재한다. 국가 간 마찰이나 타국의 혼란을 방치하면, 결국 전쟁 확대로 이어진다. 사회를 비정상적으로 만드는 장해를 제거해 사회 정의가 실현된 사회를 구축하는 것을 적극적 평화라고 부른다. 영어로 하면 "Positive Peace"다. 코스타리카는 이런 적극적 평화를 실천하고 있다.

일본에서는 아베 총리가 적극적 평화주의를 외치지만, 그가 미국 보수파의 싱크탱크에 가서 언급한 단어는 "Proactive Contribution to Peace"였다. "Proactive"라는 말은 선제공격을 가리키는 군사 용어로, "당하기 전에 친다"는 의미다. 방해되는 상대가 있다면 당하기 전에 무력으로 제압하자거나, 무력을 강화해 상대를 위압하자는 발상이다. 즉 평화의 대척점에 서 있다. 일본어로 번역할 때 국민이 쉽게 받아들일 수 있을 만한 표현을 쓴 것인데, 의도적인 오역이다. 물론 국제적인 평화 연구와도 맞지 않는 사고방식이다.

여고생의 긍지

그 뒤에도 코스타리카는 국제적으로 평화를 확산했다. 1997년에는 NGO와 제휴해 핵무기 금지 모델 조약안을 UN에 제출했다. 2003년에는 세계 최초로 "지뢰 제로의 나라"를 선언했다. 2007년에는 다시 UN에 핵무기 금지 조약 교섭을 제안하고, 2017년 체결 교섭이 개시되는 계기를 마련했다. 이제 코스타리카는 국제 사회에서 "평화의 나라",

"평화를 확산하는 나라"라고 평가받는다.

그런데 평화 외교만으로 괜찮을까? 침략 당하면 어떻게 할 것인가?

수도 산호세는 표고 약 1200m의 고지대다. 가루이자와[역주]처럼 시원해서 지내기 좋다. 번화가를 걷다 보니 여성 경찰 둘이 길모퉁이에 서 있다. 눈이 마주치자 미소를 짓는다. "안녕하세요"라고 인사한 뒤 갑작스런 질문을 던져 봤다.

"이 나라에는 평화헌법이 있지만, 침략 당하면 어떻게 하죠?"

경찰이 말했다.

"군대를 갖게 되면 아무래도 무력을 사용하고 싶어 하겠죠. 그걸 피하기 위해서라도 군대를 갖지 않는다는 건 훌륭한 일이에요. 만약 침략을 당한다면 우선 우리 경찰이 대응하겠지만, 정치가들이 평화적으로 해결해 줄 거라 믿습니다."

평화 외교를 전개하는 것뿐만 아니라 만약의 경우에도 대비하고 있는 것이다. 헌법에도 "공적 질서의 감시와 유지

[역주] 나가노현 동북부의 피서지.

를 위해 필요한 경찰력은 보유한다"고 되어 있다. 침략 등 불온한 움직임이 있으면 우선 경찰로 대응한다.

코스타리카의 치안을 유지하는 것은 경찰로서, 도시와 지방을 합쳐 6500명이다. 그리고 국경경비대 2500명, 해안경비대 400명, 항공감시대 400명 등 총 9800명이 있다. 국경경비대는 전차를 갖고 있지 않다. 해안경비대에는 군함이 없고, 보트 수준의 초계정뿐이다. 항공감시대에도 전투기 한 대조차 없으며, 세스나기와 헬리콥터만 있다. 이것이 방위의 전부다.

코스타리카에도 현실적으로는 군대가 있다고 오해하는 사람이 있지만, 그것은 국경경비대를 군대로 오인하는 것이다. 보통 세계 다른 나라들에는 3단계의 무장 조직이 있다. 사회 치안 유지를 위한 경찰, 국경을 지키는 국경경비대, 그리고 타국과 싸우기 위한 군대다. 일본에는 경찰을 비롯해 해상보안청이라는 이름의 국경경비대가 있으며, 자위대라는 이름의 군대가 있다. 각각 내각부, 국토교통성, 방위성이라는 별개의 조직에 소속된다. 한편 코스타리카에는 경찰과 국경경비대뿐이며, 군대는 없다.

이것만으로 실제적인 침략에 버텨 낼 수 있을까 하는 의

구심이 들 것이다. 코스타리카 헌법 제12조는 "대륙 내의 협정 또는 국내 방위를 위한 경우에 한정해 군사력을 조직할 수 있다"고 규정한다. 침략을 당했을 때 대통령이 자위를 위한 군대를 결성할 수 있다는 근거가 이 조문이다. 나아가 헌법 제정에 앞서 1948년 아메리카대륙에 막 등장한 미주상호원조조약에 가입했다. 가입국이 타국으로부터 공격당하면 힘을 합쳐 돕는다는 집단안전보장조약이다. 당시 코스타리카는 군대 보유를 중지했기 때문에 다른 가입국이 공격당해도 군대를 보낼 수 없어 의료 지원 등 평화적 수단으로 응원한다는 조건을 붙여 이를 양해받았다.

지방의 거리를 걷노라니 저쪽에서 교복을 입은 여학생이 걸어왔다. 고등학생이었다. 질문을 던져 봤다. "안녕하세요. 이 나라에 평화헌법이 있다는 걸 알고 있나요?" "물론이죠"라고 대답하기에 거듭해서 물었다. "그런데 만약 침략을 당한다면 목숨이 위험할 수도 있잖아요. 그래도 괜찮아요?"

그녀는 놀랍게도 지난 30년간 코스타리카가 세계 평화를 위해 무엇을 했는지 구체적이고 당당하게 이야기했다. 그리고는 "이 나라를 공격할만한 나라가 있다면 세계가 그냥 두지 않을 거예요. 저는 역대 코스타리카 정부가 세계 평화에 공헌한 노력에 긍지를 느껴요. 제가 코스타리카인이라는 게 자랑스럽고요"라고 말했다. 애국심을 강제하지 않아도 자발적으로 긍지를 느끼는 나라를 이 나라 정치가들이 만들어 온 것이다.

제2절

헌법을 활용하는 시민

대학생이 대통령을 위헌으로 고소

흔히 '헌법 위반'이라고 하면 엄청난 일이 떠오를 것이다. 그러므로 누군가 위헌소송을 제기했다는 말을 들으면 상당한 결단이라는 생각에 놀라기 쉽다. 하지만 코스타리카에서는 시민이 정부를 상대로 아무렇지 않게 위헌소송을 제기한다.

산호세 중심부에 회색빛 고층 건물이 늘어서 있다. 최고재판소다. 벽면 부조는 '정의의 여신'이 머리 위로 저울을 치켜든 모습으로, 재판의 공정함을 상징한다. 이 건물 2층에 최고재판소의 재판관 22명 전원이 모여 회의하는 대의 사장이 있다. 이곳 홍보 담당이자 헌법학자인 로드리게스가 말했다.

"자신의 자유가 침해받았다든가 인권을 짓밟혔다는 생각이 들면 누구라도 위헌소송을 제기할 수 있습니다. 본인이 아니라 관계자라도 상관없어요. 특히 인권 침해의 문제라면 변호사도 소송 비용을 받지 않습니다."

격식을 갖춘 소장 같은 건 필요 없다. 고소하고 싶은 내용을 종이에 적으면 된다. 정해진 서식도 없기에 가령 '신문지 조각'이라도 상관없다. 빵을 싼 종이에 내용을 쓰거나 맥주병 라벨 뒤에 적어 낸 사람도 있다. 일부러 창구까지 오지 않고 팩스를 보내도 된다. 최근에는 종이에 쓰지 않고 휴대폰으로도 접수가 가능해졌다고 한다. 외국인이라도 소송을 제기할 수 있다. "누구라도 인권을 침해받았다면 이곳에 와서 소송을 제기할 수 있습니다." 로드리게스의 말이다.

물론 중대한 위헌 판결도 이뤄진다. 국회에서 심의 중인 세제 개혁 법안이 다뤄졌는데, 정당한 심의 과정을 거치지 않았다며 위헌 판결이 내려진 일도 있다. 2003년 미국이 이라크전쟁을 시작할 당시 코스타리카 대통령은 미국의 전쟁을 지지한다고 발언했다. 이에 미국 백악관 홈페이지의

한 유권자 연합 리스트에 코스타리카 국명이 게재됐다. 이를 보고 "평화헌법을 가진 나라의 대통령이 타국의 전쟁을 지지한다는 것은 위헌"이라며 대통령을 고소한 이가 당시 코스타리카대학 3학년이던 로베르토 사모라다.

1년 반 후 그는 전면 승소했다. 판결은 "대통령의 발언은 우리나라 헌법과 영구중립선언, 세계인권선언 등에 반하는 헌법 위반이다. 대통령의 미국 지지 발언은 없었던 것으로 한다. 대통령은 즉시 미국에 연락해 백악관 홈페이지로부터 우리나라 이름을 삭제하도록 하라"였다. 대통령은 고분고분 판결에 따랐다. 미국도 홈페이지에서 코스타리카 대

*
대학 졸업 후 변호사가 된 로베르토 사모라(오른쪽)와 필자. =2011년 도쿄

통령 이름을 지웠다.

로베르토는 졸업 후 변호사가 되었다. 일본에 와서 스태프 신분으로 NGO 피스보트를 경험하기도 했다. 그는 소송을 제기할 당시에 대해 다음과 같이 말했다.

"세계가 평화롭지 않다면, 저도 평화롭게 살 수 없어요. 친구들과 함께 교수님께 이야기했는데, 어차피 질 테니 소송을 그만두는 게 좋겠다는 말을 들었죠. 그래도 헌법이 위기에 빠졌을 때 국민에게는 싸워야 할 책무가 있습니다."

아무리 그래도 대학생이 대통령을 고소하다니 대단하다고 칭찬하자, 그가 "대단하긴요. 코스타리카에서는 초등학생이라도 위헌소송을 제기할 수 있는 걸요. 대학생이 하는 건 당연하죠"라고 한다.

초등학생도 위헌소송

코스타리카에서는 초등학생도 위헌소송을 제기할 수 있다. 아무래도 믿기지 않아 재차 최고재판소의 로드리게스를 찾아가 물었다. 실제로 초등학생이라도 아무렇지 않게 위헌소송을 제기할 수 있다며 구체적인 사례까지 들려 줬다.

초등학교 옆 공터에 산업폐기물 업자가 대량의 쓰레기를 버렸다. 냄새가 심해 공부에 지장이 생기고 교정에서 마음 편히 놀 수 없게 되자 학생들이 "우리의 권리를 침해당했다"면서 위헌소송을 제기했다. 최고재판소는 이를 타당한 제소로 다루며 아이들의 학습 환경에 대한 권리를 인정했다. 이에 업자에게는 투기한 쓰레기를 회수하라는, 행정 당국에게는 불법 투기를 막기 위해 대책을 마련하라는 판결을 내렸다.

다른 초등학교 학생들은 교장이 교정에 차를 주차하는 바람에 뛰어놀 공간이 좁아졌다며 소송을 제기했다. 최고재판소는 교정은 아이들이 원할 때 얼마든지 뛰어놀 수 있는 장소라고 정의하고, 교장의 행위가 아이들의 권리를 침해한 것이니 주차를 금할 것을 명령했다.

그런데 어떻게 초등학생이 헌법뿐 아니라 위헌소송 제도를 아는 걸까?

코스타리카에서는 초등학교에 입학한 아이들에게 우선 "누구나 사랑받을 권리가 있다. 이 나라에 태어난 이상 정부나 사회로부터 사랑받는다"고 가르친다. 초등학교 1학년생도 아는 "사랑받는다"는 말에서 아이들이 기본적 인권을 배우는 것이다. 게다가 "만약 사랑받지 않는다고 생각하면, 헌법 위반으로 제소해 정부 정책이나 사회를 바꿀 수 있다"고도 배운다. 그러니 초등학생도 위헌소송을 제기할 수 있다.

딱히 초등학생이 헌법의 모든 것을 배우는 게 아니다. 인권이라는 가장 소중한 한 가지를 처음부터 확실하게 머리에 새긴다. 이때 정부나 사회가 한 사람 한 사람의 인권을 지켜야 하는 존재라는 것도 아이들 마음에 뿌리내린다.

아이들 이외의 위헌소송 사례를 물었다. 약국에 구하는 약이 없다며 위헌소송을 제기한 할아버지의 예를 들려 줬다. 원하는 약이 없다는 정도로 헌법 위반이 될 수 있느냐며 놀라워하자 정확하게 판결이 내려져 있다고 했다. 헌법재판소는 생존권에 비추어 할아버지에게 그 약이 없다면 건강한 생활이 유지될 수 없으니 명확한 헌법 위반이라고 판단했다는 것이다. 따라서 약국에 그 약을 언제나 비치하라고 명령했다. 그리고 판결문의 다음 항목을 읽으며 놀라지 않을 수 없었다. "할아버지가 어딘가로 여행을 갈지 모르니, 전국 약국에 이 약을 상비해 놓을 수 있도록 정부는 약사 행정을 철저히 하라"고 적혀 있었다. 이것이 코스타리카다. 우리 눈으로 보면 '사소한' 일이라 생각될지라도, 권리 침해를 방치하지 않는다는 의식이 뿌리 깊게 존재한다.

일본국헌법은 제25조 생존권 항목을 통해 "건강하고 문화적인 최저한도의 생활"을 보장한다. 하지만 실태는 이와 거리가 멀고, 국민들은 지레 포기한다. 코스타리카의 발상은 그 반대다. "헌법이 명기하는 이상은 실현되어야 한다"는 늠름한 자세가 있다. 헌법에 반하는 실태가 존재하면 위헌소송을 제기하고, 재판소는 신속한 판결로 이에 답한다. 일본과는 무척 다르다. 일본 국민은 헌법을 그리 친근하게 느끼지 않는다고 했더니 로드리게스가 "옛날에는 코스타리카에서도 헌법이 도서관에 진열된 것 정도로밖에 생각되지 않았습니다"라고 말했다.

헌법재판소 제도

시민이 헌법을 자신들의 것으로 사용하려는 의식이 고양됐던 1989년, 코스타리카는 헌법재판소 제도를 채용했다. 헌법과 관련한 재판을 전문으로 심의하는 재판소다. 독일이나 프랑스 등 유럽에서는 일반적인 제도지만, 일본은 이와 달리 미국식이다.

코스타리카에는 최고재판소 중 4개의 법정이 있다. 제1법정은 민사, 제2법정은 노동과 가정문제, 제3법정은 형사를 다루며, 제4법정이 헌법법정, 즉 헌법재판소다. 헌법재판소는 7명의 판사로 구성된다.

이 헌법재판소에 제기되는 소송 중 가장 많은 것이 기본적 인권 침해에 대한 '비호 신청'이다. 2014년에는 이것이 90%를 차지했다. 다음으로 많은 것이 신체적 구속이나 자유 보장으로, 전체의 10% 가까이 된다. 그리고 마지막이 협의의 위헌 심사로, 1.5%를 차지한다. 코스타리카에서도 국가 정책에 관한 위헌소송은 일본과 마찬가지로 많지 않다. 그렇다고 해도 쓰레기 투기나 주차 문제 정도로 위헌소송이 제기된다면, 무엇이든 위헌소송이 될 수 있다. 도대체 연간 위헌소송이 몇 건이나 될까? 로드리게스가 자료를 보여주며 "매년 증가해서 2014년에만 1만9470건이었습니다"라고 말했다.

하지만 그중 39%는 헌법과 관계없는 단순한 개인 분쟁에 불과해 수리되지 않았다. 전부 받아들여지지는 않는 것이다. 또 일단 수리됐다가 각하된 사안이 29%였다. 최종적으로 위헌 판결이 내려진 것은 19.76%다.

그럼 소송이 제기되어 판결이 내려지기까지 얼마의 시간이 걸릴까? 로드리게스는 "2012년 기록을 보면, 개인의 신체 구속에 관한 경우 평균 16일이었어요. 비호 신청의 경우는 평균 1개월 3주로, 중대한 위헌 판결은 평균 16개월 3주였죠"라고 답했다.

중대한 위헌 재판도 약 1년 반이면 판결이 내려진다. 어째서 이토록 빨리 심리가 진행되는 걸까? 우선은 재판 기준이 명확하다는 것을 들 수 있다. 공적 이익과 연관되는 일이면 다뤄지고, 개인적 이해와 결부되는 것이면 각하된다. 여기에 오랜 세월 하다 보니 익숙해진 것도 이유로 작용한다. 헌법재판소 제도가 채용된 첫해의 접수 건수는 365건이었다. 그랬던 것이 매년 약 1000건의 비율로 계속 늘어나면서 재판소도 이에 비례해 직원을 늘렸다. 지금은 판사 외에 변호사 자격을 가진 전문직 직원 59명이 일하고 있다.

2010년에는 컴퓨터가 도입돼 제소 내용과 처치 등을 데이터화했다. 관청 사무에 필요한 종이를 쓰지 않게 되어 지금은 판사의 채결도 버튼으로 이뤄진다. 소를 제기한 사람에 대한 결정 여부도 휴대폰 문자메시지로 전달된다.

최고재판소 건물 정면 입구로 들어가 바로 오른쪽 방은 위헌소송을 접수하는 헌법재판소 창구다. 헌법에 적힌 권리를 침해당했다고 생각하는 국민은 이리로 달려온다. 내가 방문했을 때도 세 남녀가 소를 제기하러 와 있었다.

"최고재판소 사무는 오전 7시 반부터 오후 4시까지이지만, 위헌소송 창구는 24시간, 1년 365일 쉬지 않고 열려 있습니다."

로드리게스의 설명이다. 왜 창구를 늘 열어 두느냐는 물음에 그는 "기본적 인권은 언제나 지켜야만 하는 것이기 때문"이라며 말을 이었다.

"인간이 자유를 빼앗기는 경우 등에는 즉각적인 대응이 요구되기에 늘 준비해 놓고 있습니다. 시민의 인권을 지키기 위해서는 신속한 대응, 신속한 회답이 필수거든요."

이렇게 해서 코스타리카는 평화 조항뿐만이 아닌 헌법의 모든 조항을 시민이 활용할 수 있게 되었다. 이것이 일본과 다르다. 헌법은 그림의 떡이 아니라, 실제로 국민의 생활에 적용될 수 있어야 한다는 국민적 합의가 존재한다. 일견 소송 사회처럼 보이지만, 위헌소송은 개인의 권익을 위한 것이 아니다. 사회의 문제점을 알아차린 사람이 그때마다 지적하고, 모두의 손으로 더 좋은 사회를 만들어가자는 발상에 근거한다. 사회를 위한 소송이니 비용도 공적으로 부담한다. 따라서 초등학생도 위헌소송이 가능한 것이다.

일본도 코스타리카처럼 헌법재판소 제도를 채용한다면, 기본적 인권에 대한 사고가 확산해 국민이 헌법을 활용하는 방향으로 변화할 수 있지 않을까? 무리한 일이 아니다. 이웃나라 한국도 이전에는 미국식이었지만, 1988년 군사정권으로부터 민주화될 때 헌법재판소 제도를 채용했다. 2017년 박근혜 대통령의 파면 여부를 놓고 탄핵 심사를 진행한 것도 헌법재판소다. 로드리게스가 마지막으로 헌법이란 무엇인지에 대해 명확히 말했다.

"헌법은 국민의 권리를 보장하고, 권력자의 권력이 미치는 범위를 제한하는 것입니다."

돌아가던 길에 헌법재판소 창구를 보니 들어갈 때 본 남성 하나가 끈질기게 자기주장을 펼치고 있었다.

제3절

아이들의 자립을 지향하는 교육

병사의 수만큼 교사를 만들자

코스타리카가 평화헌법을 만들 때 군대를 없애자고 결단한 이유 중 하나는 부족한 나랏돈을 사회 발전에 도움이 되도록 사용하자는 것이었다. 그럼 어디에 돈을 쓰면 사회가 발전할까?

국회에서 그것을 진지하게 논의했다. 그 결과가 교육이었다. 한 사람 한 사람이 스스로 생각하고 스스로 행동하는, 이런 국민을 키울 때야말로 사회가 발전한다고 보았다. 이에 군사비로 들일 비용을 고스란히 교육비로 충당하기로 결단했다. 이렇게 태어난 것이 "병사의 수만큼 교사를 만들자"라는 슬로건이다. 그리고 실제로 그렇게 했다.

코스타리카에서 평화헌법을 만들어 군사비를 교육비로 돌리기로 결정한 1949년부터 국가 예산의 20~30%가 교육비로 충당됐다. 2014년에는 그 비율이 29.1%였다. 실제로 지출된 수치를 보면, 최신 통계로 2009년 35.63%다. 헌법에 "정부의 교육비는 국가총생산GDP의 6%를 하회하지 않을 것"이라고 규정되어 있고, 이후 8%로 늘어났다.

오랜 세월에 걸쳐 교육에 힘을 쏟은 결과 개발도상국으로서는 보기 드문 교육 국가가 되었다. 2015년 식자율literacy rate은 98%에 육박한다. 이웃나라 니카라과가 80% 조금 안 되고, 중미지역의 대국 멕시코가 94%라는 것을 보더라도 코스타리카의 걸출한 교육 정도가 드러난다.

이 나라의 교육 내용을 알아보기 위해 일본의 문부과학성에 해당하는 교육성을 찾았다. 코스타리카에서는 초등학교 입학 전 1년 동안 읽고 쓰기 등 준비 교육을 받는다. 이를 포함해 5세부터 15세까지 초중등학교 10년이 의무교육이다. 교육비도 급식비도 무상이다. 초등학교 입학은 6세 6개월부터다.

학생생활과의 글로리아가 교육 목표에 대해 분명하게

말했다.

"시민의 권리 의식을 확실히 심어 주는 겁니다. 누구나 한 사람의 시민으로서 국가와 사회 발전에 기여해야 하나의 인간으로 인식될 수 있고, 무엇보다 본인이 행복하겠죠. 우리나라는 인권의 나라예요. 타인의 권리를 인정하는 게 평화로 이어집니다. 자신과 같은 타인의 인생을 인간으로서 존중하는 것으로부터 민주주의가 태어납니다. 코스타리카는 평화의 문화를 만들어갑니다."

학습 지도의 가이드라인이나 교과서도 있지만, "교사가 교과서의 페이지를 따라가는 데만 열심인 것은 좋지 않다"며 선을 긋는다. 교과서에 의지하지 않고 교사가 스스로 자료를 만드는 등 자주적인 수업 만들기를 권장하고 있다. 이는 교사의 창조성을 저해해선 안 된다는 생각에서 비롯된다. 환경 교육으로는 농업을 이과 시간에 포함시켜 놓았다. 실제로 밭에 찾아가 농사를 체험하는 것으로 생각할 기회를 준다.

일본에서는 교과서에 따라 차곡차곡 수업을 진행하면서 이 과정을 따라오지 못하는 아이는 방치된다고 말하자, 글로리아가 "코스타리카에서는 각 아이의 특성에 맞게 가르칩니다. 수업을 따라오지 못하는 건 아이 탓이 아니라 방식이 나빠서예요. 모두가 같은 속도로 뭔가를 기억해야 한다고 전제하는 시스템이 이상한 거죠"라고 지적했다. 아울러 "노력하는 학생을 배제시켜선 안 돼요. 교사는 아이들이 어떻게 하면 쉽게 이해할 수 있을지 고민해야 해요. 아이들 하나하나에 맞는 방식이 존재하기 때문이죠"라고 말했다.

그럼에도 수업을 따라잡지 못하는 아이는 어떻게 될까? 다른 담당자에게 들으니, 실은 매년 낙제하는 학생이 6% 정도라고 했다. 초등학교에도 과락 제도가 있는 것이다. 이유를 묻자 "일본에서는 모든 아이가 수업을 완벽하게 이해한다는 건가요?"라는 질문이 되돌아왔다. 낙제한 아이는 특별 학급에 배치되고, 교사가 개별적으로 집중 교육을 실시해 초등학교 졸업 때까지 다른 아이들의 수준을 따라잡을 수 있도록 한다. 수업을 이해하지 못했는데도 진급시키는 일본과 과락을 시켜서라도 확실히 이해시키는 코스타리카의 차이다.

국가가 아닌 국민의 평화부터

이 부분에서 아이 스스로가 창의성과 혁신을 키워드로 자기 인생을 설계하는 프로그램이 진행된다. 학생 본인이 행복을 만끽할 것, 동급생과 도덕적인 가치관을 공유하고 공존 · 신뢰 관계를 구축할 것, 자연과의 사이에서 지속 가능한 발전이 이뤄질 것, 누군가의 말을 무비판적으로 받아들일 게 아니라 비판적으로 사고해 자기 생각을 가질 것 등이 목적이라고 한다.

이러한 교육의 중심축으로 거론되는 것이 민주주의, 인권, 평화다. 민주주의에서는 지역과 국가의 활동 참여, 정치의 투명성, 정부나 지역 독자의 민주제도 존중 등을 호소하고, 인권에서는 학생의 권리 보장, 규범에 따른 인권 보호, 가정에서의 권리와 의무에 근거한 실천, 평화에서는 이 나라에 뿌리내린 민주주의 가치로서의 자신과 타인의 자유, 더욱 조화로운 관계 구축에 책임을 가질 것 등을 내건다. 모든 커리큘럼에 이 내용이 포함되고, 실천을 통해 이런 가치관을 학생들이 획득하도록 한다.

덧붙여 이 세 가지 핵심은 일본국헌법이 내세우는 3대 원칙인 국민 주권, 기본적 인권 존중, 평화주의와 동일한 가

치이기도 하다. 코스타리카를 부러워할 게 아니라, 헌법을 있는 그대로 실행하면 이렇게 된다는 것이다.

창립 106년을 맞는 수도의 한 초등학교를 찾았다. 방학이라 학생들은 보이지 않았지만, 교실이 깔끔하게 정리되어 있었다. 교사가 "1학년부터 6학년까지 42개 학급이 있습니다. 현재 한 학급당 최대 30명의 학생이 있는데, 20명 정도가 이상적이겠죠"라고 말했다. 그 밖에 과락한 학생들의 학급도 개설되어 있다. 학년이 끝날 때마다 시험을 보고, 일정한 성적을 받지 못하면 진급할 수 없다. 장애아를 위한 특별 학급도 있다. 최대 12명 정원으로, 그 이상이 되면 전임 교사가 한 명 더 배치된다.

아이들이 채소를 가꾸는 정원에 커다란 테이블과 의자를 놓고 야외 교실로 사용한다. 도서실 입구에는 "행복에의 길"이라는 팻말이 걸려 있다.

동네 서점에서 일본의 중학교 2학년 과정에 해당하는 공민 과목 교과서를 찾았다. 2장 제목은 "코스타리카 자유의 조국"이다. 그리고는 돌연 "주제에 관해 알아봅시다"라고 쓰인 항목이 등장했는데, "평화란 전쟁이 없는 상태가 아닙니다. 그 이유가 무엇일까요?"라고 적혀 있다. 평화의 개념을 제대로 가르치고 있는 것이다.

다음으로 "평화란 이상, 희구하는 마음으로 이뤄지며, 이를 실현하기 위해 개인이 각자의 평화를 확립할 필요가 있습니다"라는 내용이 눈에 들어왔다. 평화란 "이미 존재하는" 상태가 아니라 "이제부터 만들어가는" 것이라는 평화 연구에 근거한 발상이 기본에 있었다. 그리고 평화의 출발점은 정부나 사회가 아닌, 한 인간이 평온하게 살아가는 것이라고 설명해 놓았다.

여기서 중요한 것은 "평화의 출발점은 자신"이라며 개인의 평온한 생활을 우선시하는 것이다. 일본에서는 평화를 이야기할 때 우선 국가를 생각한다. 국가가 평화로워지기 위해 국민의 희생이 당연하다는 생각이 그로부터 비롯된다. 한편 코스타리카의 평화 발상의 원점은 개인이다. 한 사람의 국민이 평화롭게 살고 있다고 느낄 때에야 비로소 사회도 정부도 세계도 평화롭다는 이야기다. 일본과 크게 다르다.

공민 교과서에는 이런 기술도 있다. "국가를 통치하는 많은 사람은 어떤 한 지점에서 서로 닮은 나쁜 점을 갖고 있습니다. 즉 권력을 잃는 것을 두려워하는 겁니다. 그래서 배신이나 불성실한 발언을 접할 기회가 많습니다." 이런 내용이 실려 있는 교과서라니, 일본에서는 생각조차 할 수 없다.

누구도 배제하지 않는다

최근의 큰 문제는 이웃나라 니카라과로부터 온 수많은 아이들이다. 코스타리카는 이들을 모두 받아들여 무상 교육은 물론 급식까지 제공하고 있다. 코스타리카 헌법 제19조는 "외국인도 교육, 건강에 있어서 코스타리카 국민과 같은 권리를 가진다"고 밝히며, 헌법 제33조를 통해서도 "인간은 국적이나 인종, 종교에 관계없이 누구라도 평등하다"고 규정한다. 따라서 코스타리카에 있는 외국 국적의 아이들도 코스타리카의 다른 아이들과 다름없이 무상 교육을 받을 수 있다.

이 나라의 이민 정책을 보면 놀랄 수밖에 없다. 코스타리카 인구는 거의 최근까지 약 400만 명이었는데, 지금은 500만 명을 넘는다. 단기간에 100만 명 규모로 이민자가 유입된 것이다. 단 한 명의 유입도 주저하는 일본 정부나 난민으로 인해 우경화하는 유럽, 더욱이 멕시코의 불법 이민 침입을 막기 위해 벽을 쌓으려는 미국 트럼프 대통령에 비하면 완전한 역발상이다.

니카라과는 가난한 데다 내전 이후의 부흥 또한 늦어져 학교에 가지 못하는 아이들이 많다. 그런 아이들은 코스타리카 학교에 편입해도 교실에 앉지도 않고 주변을 뛰어다닌다. 이런 아이들을 어떻게 교육할 것인지와 관련해 1996년 교사들과 UN 평화대학이 공동으로 평화 교육 프로그램을 개발했다. 초등학교에서는 학년별로 7개 테마를 설정해 6학년까지 42개의 지침을 만들었다.

내가 이를 처음 본 것은 2002년이다. 두툼한 종이 뭉치를 손에 든 교사 콘수엘로 발가스 선생을 만났다. 지침의 첫 부분에서는 인류 역사에 대해 가르친다. 지구의 탄생부터 삼엽충, 공룡, 포유류를 거쳐 인류가 이 세상에 출연했다는 내용에 이르면, "그때까지 교실을 뛰어다니던 학생들이 갑자기 멈춰 서죠. 자신이 둘도 없는 존재임을 이해하기 시작하는 겁니다"라고 선생이 말했다.

선생에게 "당신이 지향하는 교육 목표가 무엇입니까?"라고 묻자 "제가 가르치는 아이들이 졸업할 때 자기 머리로 생각할 수 있게 되는 겁니다"라고 답했다. 자립한 인간

*
난민 교육에 힘쓰는 콘수엘로 발가스 선생. =2017년 2월, 산호세

을 기른다는 목적의식이 명확했다. 또한 아이들의 인권에 대해서는 "따뜻한 가정에서 생활할 권리가 있다는 것도 가르친다"는 언급을 빠뜨리지 않았다. 아이들이 자신을 확립하고 앞으로의 인생과 마주하도록 뒷받침해 주는 것이다. 아이들로 하여금 목표를 설정하게 하고 행복해지는 것을 꿈꾸도록 가르친다.

그로부터 15년이 지난 2017년에 발가스 선생과 재회했다. 그녀는 니카라과 이민자들이 사는 산호세의 슬럼 라 칼

피오 지구의 유치원 원장이 되어 있었다. 본인의 지원으로 부임했다고 한다. 유치원에는 4~5세 아이들 364명이 다닌다. 대부분 니카라과 이민자의 아이들이다. 싱글맘의 아이들이 70%이고, 유치원 급식이 하루의 유일한 식사인 극빈 가정의 아이도 있다.

니카라과에서 온 이민자들은 쓰레기통에 쓰레기를 버리는 데 관심이 없었다. 그래서 유치원에서는 우선 아이들에게 쓰레기 버리는 방법부터 가르쳤다. 아이들을 보고 변화해서 야간학교나 직업학교에 다니는 부모가 늘었다. 아이들이 정서적으로 안정되자 부모들의 양육 방식에서도 폭력이 사라졌다. 발가스 선생은 붕괴된 가정이 아이들의 건전화로 회복될 수 있었다며 자신의 경험을 들려 줬다.

발가스 선생이 이곳에서 진행하는 것이 '더불어 사는 교육'이다. 즉 자신과의 평화, 타인과의 평화, 자연과의 평화다. 세 가지를 내걸고 지속 가능한 발전을 지향한다. 실천을 통해 동료들과 더불어 사는 가치관을 구축하고, 분쟁을 평화적으로 해결하는 방법을 배우는 것이다. 평화 교육에 대해 발가스 선생은 이렇게 말했다.

"평화란 단지 전쟁이 없는 것만을 지향하는 게 아니에요.

주변 사람들과 힘을 모아 평등하고 건강한 환경 아래서 더불어 살아가는 게 평화죠. 코스타리카 학교에서는 우선 자신의 평화를 어떻게 만들지에 대해 배웁니다. 갈등이 있더라도 그것을 긍정적으로 활용할 수 있도록 하는 거죠. 자신이 평화롭지 않으면 타인에게 평화를 줄 수 없어요. 그러니 우선 자신부터 평화로워야 해요.

다음으로 타인을 평화롭게 하는 일입니다. 여기에는 상대의 권리에 대한 존중이 필요해요. 자신의 존재로 인해 주변에 메리트가 주어지도록 하는 게 평화의 기초거든요. 사람은 누구나 자신이 살아가는 세계에 대한 책임이 있어요. 모든 사람에게 선을 가져다줘야 해요.

예컨대 기후 변화를 보면, 우리 행동의 결과가 기후에 영향을 줍니다. 이것이 끝내 자신에게 되돌아오고요. 우리는 혼자가 아니라 서로 영향을 미치며 살아갑니다. 살아 있는 모든 것과 조화하는 가운데 자신의 책무를 느끼고, 지킬 건 지켜야겠죠. 공생하는 지역이 넓어진다면 더 큰 미래를 만들 수 있어요. 아이들이 좋아짐으로써 다음 세대와 미래도 좋아지는 겁니다."

제4절

민주주의를 실천하는 국회

아이들도 정치에 참여

일본에서는 18세 선거권이 2016년부터 주어졌지만, 코스타리카에서는 1974년부터였다. 정치에 대한 젊은이들의 높은 관심은 일본에 비할 바가 아니다. 코스타리카에서는 대통령선거를 할 때마다 아이들이 모의선거를 하며, 초등학생은 물론 유치원생들까지 참여한다. 어린 시절부터 정치 참여를 체험하는 것이다.

2002년 대통령선거 당시 그 모습을 직접 보았다. 대통령선거 당일 모의투표소가 꾸며진 산호세의 고등학교가 아이들로 가득 찼다. 투표용지를 보니 정당 마크와 대통령 후

*
아이들이 참여하는 대통령선거 모의투표. 고등학생(왼쪽)이 선거관리위원회 역할을 한다. =2002년, 산호세

보 사진이 있고, 바로 아래 체크 란이 있었다. 용지 옆에 '모의투표용'이라고 인쇄되어 있지만, 다른 부분은 실물 대통령선거 투표용지와 다르지 않았다.

선거관리위원회 역할은 고교생들이 맡는다. 위원 중 한 사람인 고교 2년생 베르메데스에 따르면, 지역사회 수업의 일환으로 참여했다고 한다. 학생들끼리 의논해 책임자, 회계 및 접수, 입회인 등의 담당을 정했다. 정부 선거관리위원회에 요청해 투표용지를 발행하고, 선거 1주 전까지 지역

아이들에게 공고해 투표인 등록을 받았다. 투표용지 인쇄비나 학생들의 점식 식대 등은 선거에 참가하는 아이들의 용돈에서 기부받는다.

투표에 참여한 아이들 중 대다수는 고교생이나 근처에 사는 초 · 중학생이지만, 아버지 손을 잡고 온 3세 유아도 있었다. 접수처에서 등록 명부를 조회하고 용지를 건네받아 칸막이 안으로 들어가 선거용지에 기입한 뒤 고교생의 안내를 받아 투표함에 넣었다. 세페타 교장에 따르면, 이 고교에서 실시되는 대통령선거 모의투표는 5회째다. 그는 "학생들 스스로 민주주의를 배우고 어린 아이들에게 민주주의를 가르칠 좋은 기회입니다"라고 말을 이었다.

투표 시간은 오전 8시부터 오후 5시까지로, 오후 6시에는 기자회견을 열어 투표 결과를 발표한다. 기자가 몰려드는 것은 이제껏 치러진 네 번의 투표 결과가 실제 대통령선거 결과와 같았기 때문이다.

아이들은 투표 형태만 흉내 내는 것이 아니다. 실제 후보자의 공약을 알고, 어떤 후보자가 좋을지에 대해 교실에서 친구들과 의논한다. 가정에서 부모들과 아이들이 정부 정책에 대해 의견을 다투는 것은 극히 평범한 광경이다.

실제 대통령과 국회의원의 선거 운동에 주어지는 기간은 3개월이며, 선거가 가까워질수록 이집 저집의 문 앞에 컬러풀한 깃발이 나부낀다. 거리를 달리는 자동차들도 경적을 울리며 창밖으로 깃발을 흔든다. 자신이 지지하는 정당 깃발을 내거는 것이다. 축제처럼 활기가 넘친다. 일본에서는 정치 화제가 경원시되지만, 코스타리카에서는 학교에서도 가정에서도 지역에서도, 아이도 주부도 샐러리맨도 자신의 의견을 당당히 주장하며 진지하게 이야기를 나누는 풍경을 곳곳에서 볼 수 있다. 술에 취해 싸움이 벌어지지 않도록 투표일 전후 3일 동안은 술 판매가 금지된다.

선거 당일 투표소에 가 보면, 정당마다 텐트를 쳐 놓았고 그 안에 정당 마크가 달린 티셔츠를 입은 아이들이 잔뜩 앉아 있다. 자신이 지지하는 정당 선거를 돕고 있는 것이다. 주변을 걸어 다니던 초등학생 여자아이가 내게 다가와 "누구한테 투표할지는 정하셨나요? 아직이라면 부디 ○○ 후보에게 투표해 주세요"라고 말을 걸었다. 내가 유권자라고 생각한 것이다.

선거 관리를 위해 상설로 독립된 특별한 재판소가 있다. 선거최고재판소다. 선거 전 반년 동안 경찰을 포함해 선거

관리를 총괄하고, 선거 위반 사례에도 눈을 번득인다. 이 때문에 행정, 입법, 사법과 함께 제4권력이라 불린다. 1948년 선거 부정을 둘러싸고 내전이 일어났던 까닭에 다시는 부정이 일어나지 않도록 설립됐다. 국회가 선출한 3명의 주임재판관과 6명의 후보재판관이 책임지고 관리 중이다.

국회의원 3명 중 1명은 여성

코스타리카 국회는 일본과 비교하면 대단히 인간적이다.

일본 국회는 의원들이 앉은 자리가 반원형으로 의장석 쪽을 향해 배치되어 있지만, 코스타리카 국회는 장방형으로 모든 의원이 마주보게 되어 있다. 어찌 보더라도 언론, 논의의 장으로써의 배치다. 일본에서는 의원이 쉽게 결석하지만, 코스타리카에서는 그럴 수 없다. "결석한 시간만큼 급여를 차감합니다. 우리나라 의원들은 정말 열심히 일해요"라며 국회 홍보담당관이 말했다.

의원석에서 불과 2m 정도 떨어진 유리창 건너편에는 시민들을 위한 방청석이 마련되어 있다. 일본에서는 방청석에 플래카드 등을 갖고 들어가는 것이 금지되어 있지만, 코스타리카에서는 플래카드든 펼침막이든 자유롭게 반입할 수 있다. 방청 중인 시민들이 때때로 유리창에 플래카드를 내걸며 의원들에게 압력을 가한다. 의장의 토론 내용은 스피커를 타고 방청석으로 흘러나간다. 시민들은 유리창을 통해 의원의 모습을 지근거리에서 바라본다. 의원의 발언에 화가 난 시민이 유리창을 강하게 두드려 여기저기에 금이 가 있다.

국회는 일원제로, 정수는 57명이다. 2017년 방문했을 당시 그중 한 사람은 시각장애인이었고, 20명의 여성 의원이 있었다. 3명 중 1명이 여성인 것이다. 일본과 비교하면 여성 비율이 상당히 많지만, "유감스럽게도 목표치에 미치지 않는다"며 루리스가 면목 없다는 어조로 말했다. 코스타리카에서는 "선거로 선출된 자리의 40% 이상이 여성이어야 한다"는 법률이 존재한다. 여성의 사회 진출을 진전하기 위해 일정 비율을 여성으로 하는 쿼터제를 채용한 것이다. 남녀평등을 헌법에 내건 이상 실제로 법적 정비 또한 해 나가겠다는 자세다.

이는 대단히 중요한 힌트다. 일본에서는 아무리 남녀평등을 이야기해도 현실은 불평등한 채로 머물러 있다. 확실한 법제도를 마련하지 않아서다. 1985년에 남녀고용기회균등법이 제정됐으나 불충분하다. 그래서 세계경제포럼의 2016년 남녀평등 순위에서 일본은 심각하게도 111위에 머물렀다.

일본의 선거는 소선거구와 지역비례를 병용하지만, 코스타리카는 완전 비례대표제다. 선거 때마다 각 정당은 사전에 후보자 리스트를 낸다. 유권자는 개인이 아닌 정당에 투표한다. 선거는 4년에 한 번이며, 연속 재선이 불가능하다. 일단 의원이 되면 다음 4년은 입후보 할 수 없다. "연속으로 8년 동안 의원을 하면 권력에 집착하게 됩니다. 그런 가능성을 배제하려는 거죠"라고 루이스가 말했다. 권력자의 출현을 막겠다는 이야기다. 한편에선 모처럼의 경험을 잃게 된다는 의견도 있다.

대통령의 경우 이전에는 재선이 완전히 금지되어 있었다. 한 번 대통령이 되면 다시는 기회가 주어지지 않았다. 독재자를 만들지 않겠다는 발상에서 비롯된 제도다. 하지만 전 대통령이 이 제도가 젊은 정치가에 대한 인권침해라는 위헌소송을 제기했고, 이제 재선이 가능해졌다. 다만 8년의 간격을 두어야 한다.

국민의 정치에 대한 관심이 강해 이전에는 투표율도 높았다. 1998년 대통령선거 때는 82%였다. 이후 점차 하락했다. 정치가의 비리 등에 따라 정치에 대한 신뢰가 실추됐기 때문이라고 한다. 코스타리카라고 해서 모든 것이 순조로울 리는 없다.

이전 일본 선거에서 "코스타리카 방식"이라는 말이 유행했다. 선거 전술의 하나로, 같은 정당의 후보자가 경쟁하지 않도록 소선구와 지역비례에 후보를 따로 내서, 이를 선거 때마다 바꾸는 방식이다. 하지만 코스타리카에는 소선거구가 없고 완전 비례대표제이기 때문에 본래 이런 말은 코스타리카에는 없다. 이후 총리가 된 모리 요시로가 자민당 간사장으로 코스타리카 우호의원연맹 회장을 지내던 시절에 연속 재선을 금지한 코스타리카 선거 방식을 따서 명명한 것이다. 그러나 내용은 전혀 다르다.

코스타리카 국회를 안내해 준 루이스에게 일본의 코스타리카 방식에 대해 이야기하자 "네, 알고 있습니다. 고개를 갸우뚱하게 되지만요"라며 쓴웃음을 지었다.

국민에게 노벨평화상을

코스타리카 국회는 2015년 "평화헌법을 오랜 세월 지켜온 일본과 코스타리카 두 나라 국민에게 노벨평화상을 수여하자"는 만장일치 결의를 노르웨이 노벨상위원회에 보냈다.

전문은 12항목으로 이뤄져 있다. 1항에서는 "평화는 인류의 공존과 발전에 특별의 가치가 있다"고 호소한다. 2항부터 4항까지는 군사가 아닌 개발과 교육에 힘을 쏟는 나라가 세계의 모델이 되는 것이라 역설했다. 5항에서는 코스타리카헌법의 "군대를 금지한다"는 조문을 제시하고, 6항에서는 코스타리카가 UN 평화대학과 영구중립선언 등 세계 평화에 공헌한 역사를 언급한다.

일본이 등장하는 것은 7항에서다. 일본국헌법 제9조의 전문을 내걸었다. 8항에서는 "이 결정을 보전함으로써 일본 국민도 다시 세계 사회의 모범이 되었고, 경제 · 사회 · 정치적으로 크게 비약했다"면서 헌법의 평화 조항이 수행한 역할을 이야기한다. 9항에서는 양국이 함께 "재군비를 바라는 국내외 압력을 뿌리쳤다. 이는 양국민의 평화에 대한 사명감이 무겁고도 깊이 뿌리내려 있음을 보여 준다"면서 평화헌법을 지켜온 노력을 기린다.

10항에서는 노벨평화상의 의의를 확인하고, 11항에서는 코스타리카와 일본이라는 경제 · 역사 · 문화 등이 전혀 다른 나라가 "세계 어떤 나라 국민도 군사력 없이 생존하고 발전할 수 있음을 보여 줬다"고 명시한다. 마지막 12항에서 두 나라 국민에게 노벨평화상이 주어진다면 헌법 조문 유지에 더욱 노력하여 세계 많은 나라가 군대를 없애는 일로 이어질 것이라 마무리 짓는다.

이런 결의가 탄생한 것은 중개 역할을 맡은 사람이 있었기 때문이다. 도쿄에 사는 도미네 키요가 일본의 "헌법 9조에 노벨평화상을"이라는 운동을 자신의 친구 코스타리카 오톤 소리스 의원에게 전했다. 그는 여당인 시민행동당의 창설자로 국회 중진이다. 흥미를 느낀 소리스 의원이 국회를 움직여 이 결의를 내놓은 것이다.

2017년 2월 내가 코스타리카를 방문했을 당시 도미네를 비롯해 "헌법 9조에 노벨평화상을" 운동을 하는 시민단체 활동가 하뉴다 유키 등과 동행했다. 국회를 방문하자 라미레스 국회의장과 소리스 의원이 우리를 맞았다. 하뉴다가 연대의 글을 낭독했다.

*

라미레스 의장과 동석 중인 소리스 의원(오른쪽)에게 말을 건네는
하뉴다(왼쪽). 가운데는 필자. =2017년 2월, 코스타리카 국회

라미레스 의장은 "국회의원 57명을 대표해 여러분을 환영합니다. 코스타리카 국민은 모두 평화적인 가치관을 갖고 있습니다. 다양한 정당이 있지만, 평화적인 가치관에 있어서는 모두 뜻을 같이합니다. 우리는 평화를 수출하려는 생각이 있습니다. 평화를 위해 노력합시다"라고 발언했다.

소리스 의원은 "영혼 깊숙이 울리는 깊은 말씀을 들었습니다. 평화의 가치관을 공유하는 분들을 맞이하게 되어 기쁩니다. '정부가 아닌 국민에게 노벨평화상을'이라는 일본의 운동에 대해 듣고 훌륭한 아이디어라고 생각했습니다. 아내에게 말했더니 '코스타리카 국민도 함께 노벨평화상을 받으면 좋겠다'고 이야기하더군요. 그렇게 '두 나라 국민에게 노벨평화상을'이라는 국회 결의안이 나오게 된 겁니다. 모든 의원이 찬성했습니다"라고 말했다.

아울러 "코스타리카와 일본은 무척 다른 나라입니다. 그렇듯 다른 나라가 같은 가치관을 공유할 수 있다는 것은 세계 모든 나라가 그렇게 할 수 있다는 의미겠죠. 세계에서 경제적으로 가장 발전한 일본과 세계에서 민주주의가 가장 발전한 코스타리카가 군대를 없애는 헌법 덕분에 발전했음을 세계에 알린다면, 군사력을 갖지 않아도 된다는 것을 다른 나라 사람들에게 알릴 수 있을 겁니다"라고 강조했다.

제5절

환경선진국

에코투어의 발상지

산호세의 북동쪽 카리브해 연안, 바다거북의 산란지로 유명한 토르투게로 국립공원으로 향했다. 가는 길에 있는 고개에서 코스타리카 유일의 터널을 통과했다. 이 나라는 자연을 파괴하지 않기 위해 최대한 도로를 만들지 않는다는 방침을 정해 놓았다. 일반 도로를 만들면 국립공원을 가로지르게 되기에 동물들이 오갈 수 있도록 인간이 터널을 뚫어 지하로 다니도록 한 것이다.

차로 3시간을 달리니 강과 맞닥뜨렸다. 도로 옆 나무에 나무늘보가 매달려 있다. 지극히 일상적으로 자연을 접할

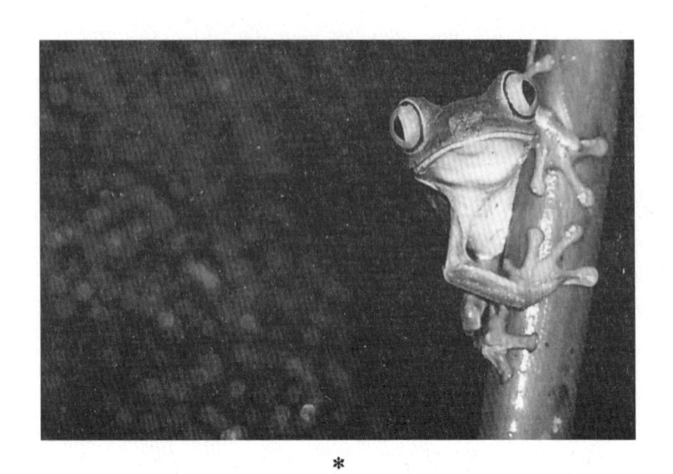

*
"나무의 요정"이라 불리는 붉은눈청개구리.

수 있는 것이다. 여기부터 보트를 타고 1시간 반. 에코투어 전문 산장에 들었다. 안뜰 나뭇가지에 "나무의 요정"이라 불리는 붉은눈청개구리가 달라붙어 소탈하고 익살스러운 표정을 짓고 있다.

다음날 아침 보트를 타고 강을 거슬러 올라가니 연안 나뭇가지에 이구아나가 보였다. 저 위쪽에서 검은짖는원숭이가 운다. 관목 사이를 날아다니는, 날개가 푸르게 빛나는 몰포나비도 보였다. "세계에서 가장 아름다운 나비"라 불린다. 강 위로 악어가 눈을 내밀어 이쪽을 주시한다. 수면에 드러난 여울에는 백로가 일렬로 늘어서 날개를 쉬고 있다.

코스타리카는 환경보호 선진국으로 에코투어의 발상지다. 계기는 1950년 발발한 한국전쟁이다. 절대 평화주의를 표방하는 미국 앨라배마주의 퀘이커 교도 11세대 41명이 징병을 피하기 위해 이듬해인 1951년 평화헌법을 가진 코스타리카로 이주했다. 그들은 낙농으로 생계를 꾸리는 한편, 현지 농민도 참가하는 협동조합을 만들어 삼림자원 보호에 나섰다. 이 조합이 중심이 되어 에코투어리즘을 시작했다. 그렇게 적소가 적재와 조화를 이루면서 더욱 훌륭한 지역으로 발전했다.

지금은 해외에서 매년 200만 명 넘는 에코투어리즘 고객이 코스타리카를 찾는다. 홋카이도 넓이에도 미치지 못하는 국토에 지구상 전 생물의 6%에 해당하는 50만 종 이상의 생물이 산다. 그중에서도 나비 종류가 10%에 달해 아프리카 대륙 전체에 사는 나비 종류를 합친 수보다 많다. 국토의 거의 4분의 1인 24%가 국립공원이나 자연보호구역으로 지정되어, 태평양 위 코코섬은 공룡이 현대에 부활한다는 내용의 할리우드 영화 〈쥬라기 공원〉의 모델이 되기도 했다.

환경에 관한 코스타리카의 대응은 빠르다. 1969년 삼림 벌채 규제와 삼림국 창설을 정하는 최초의 삼림관련법을 제정했다. 1993년에는 야생생물기본법이 제정됐고, 1994년에는 환경에너지성이 창설됐다. 1995년에는 환경기본법, 1996년에는 나무 벌채에 세부 조건을 포함한 삼림법, 나아가 이를 통합해 온갖 생물 보전을 위한 생물다양성법이 제정됐다.

이와 맞물려 1994년에는 헌법이 개정되면서 환경권이 포함되기에 이른다. 헌법 제50조의 "복지, 생산과 부의 최적한 배분의 권리"에 더해 "모든 국민은 건강하고 생태적으로 균형 잡힌 환경에 대한 권리를 갖는다"고 명기한 것이다.

공기의 수출

에코투어리즘을 최초로 체험한 것은 2003년이다. 산호세에서 버스를 타고 열대 운무림tropical montane cloud forests이라 불리는 구름과 서리에 둘러싸인 숲으로 들어가 1시간쯤 가니 산장이 보였다. 양손에 짐을 들고 폭포처럼 떨어지는 스콜 한가운데로 달려가니 호텔 프런트에 서 있던 백발의 할아버지가 빗속을 뚫고 와 짐 하나를 나눠 들고 함께 달려 줬다. 체크인을 한 뒤에도 100m 떨어진 산막까지 다시 빗속을 헤치고 가야만 했다. 백발의 할머니가 곁에서 우산을 받쳐 줬다.

다음날 아침 날씨가 화창해져 산보를 했다. 오두막 앞을 젊은 종업원이 큰 빗자루로 청소하고 있다. 잠시 서서 그와 이야기를 나누다 알게 된 것은 전날 밤 빗속에서 내 짐을 나눠 들어 준 할아버지가 전 대통령이며, 우산을 받쳐 준 할머니가 영부인이었다는 사실이다. 오두막을 보니 그 백발의 할아버지가 프런트를 지키고 있어 더 놀랐다.

로드리고 카라소 오디오는 코스타리카의 제38대 대통령으로, 1978년부터 1982년까지 코스타리카 행정부를 이끌었다. UN에 제안해 코스타리카에 UN 평화대학을 건설한 것도 그다. 지금은 이 에코투어 호텔을 경영하고 있다. 전날 밤 일에 감사를 표한 뒤 "왜 전 대통령이 호텔을 경영하고 계십니까"라고 소박한 질문을 던졌다.

"대통령 임기를 마친 뒤 이제부터는 한 사람의 시민으로서 사회 발전을 위해 힘쓰자고 결심했습니다. 당시 코스타리카는 이미 평화국가의 길도, 교육국가의 길도 닦여 있었거든요. 부족한 것은 환경국가로의 길이라 생각했습니다. 지구 환경을 생각하는 것도 중요하지만, 한 사람 한 사람이 자신과 환경의 관계를 인식하는 게 필요했어요. 그 일을 위해 에코투어를 시작해야겠다 싶어서 당시까지 모은 재산으로 에코 숙박 시설을 세웠습니다."

대통령까지 지낸 거물이 홀연히 정치가의 삶을 접고, 개인의 재산을 쾌척해 사회를 위해 힘써 보자고 생각한 것이다. 돈과 권력에 매달리는 일본 정치가에게 들려주고 싶었다.

눈앞에 울창하게 우거진 숲이 펼쳐져 있다. 1990년경 일본이 동남아시아 열대우림을 벌채해 문제가 된 일이 떠올랐다. "코스타리카에서는 나무를 자르지 않았나요?"라고 묻자 카라소는 "코스타리카에서도 (나무를) 잘랐습니다"라고 답했다. 벌채해서 팔면 손쉽게 현금 수입이 됐기 때문이다. 그 결과 1940년대까지만 해도 국토의 75% 이상이던 손하나 안 댄 삼림이 1980년대에는 30%까지 줄었다.

"코스타리카에서는 30년 뒤를 바라보고 정치합니다. 이대로라면 자녀들에게 나무 없는 산을 남기게 될 텐데, 그럴 수는 없죠. 이 논의가 국회에서 진행되어 그해부터 벌목을

*

환경에 관한 대응을 이야기하는 로드리고 카라소 오디오 전 대통령.
=2002년 산라몬, 직접 경영하는 호텔에서

금지하고 역으로 식림을 시작하게 된 겁니다"라고 카라소가 말했다. 그리고는 방긋 웃으며 다음과 같이 덧붙였다.

"그때까지 우리나라는 남의 나라에 목재를 수출했지만, 그해부터 공기를 수출하게 되었습니다."

식림한 나무가 산소를 방출해 바람을 타고 타국에 흘러든다. 앞에서 이 나라는 평화를 수출한다고 썼지만, 공기도 수출하는 것이다. 평화도 공기도 돈이 되지는 않지만, 타국 사람들을 기쁘게 한다. 인간이든 국가든 이런 일을 하면 존경받아 마땅하다.

카라소가 "자연을 파괴하는 것은 무지와 욕심입니다"라고 말했다. 환경 파괴를 경고하는 말이지만, 그의 입을 통하니 "인간의 욕심을 없애기는 어려우나, 무지는 교육에 의해 없앨 수 있다"는 이야기처럼 들렸다.

이튿날 환경 관리인 자격을 가진 젊은 호텔 직원의 안내를 받으며 숲을 산책했다. 그는 길을 따라가며 새끼를 키우는 개구리나 곤충의 생태, 초목 등에 대해 자세하게 설명해줬다. 풀도 나무도 벌레도 인간도 다 같이 지구에서 살아가는 생명체라는 기분이 들었다. 투어의 마지막 순서는 나무 심기다. 20㎝ 정도의 묘목에 내 이름이 적힌 팻말이 붙었다. 다음에 오면 커다랗게 자라 있겠구나 싶어 가슴이 두근거렸다. 이 땅에 묻히고 싶다는 생각도 들었다.

카라소는 2009년에 세상을 떠났다. 식림 결과 이제 코스타리카의 삼림 면적은 50% 이상 회복됐다.

99%가 자연에너지

지방을 돌아보니 실로 한가로운 풍경이 펼쳐진다. 바나나

농장에서는 갓 잘라낸 푸른 바나나 송이가 레일을 통해 가공소로 옮겨지고 있다. 코스타리카의 주된 산업은 파인애플, 바나나, 커피 등의 농업이다.

코스타리카 커피는 질이 좋아 평판이 높다. 교육받은 노동자들이 제대로 재배하기 때문이다. 수도 북동부 표고 1300m 경작지에 펼쳐진 커피 농장을 방문했다. 오노브레는 110년의 역사를 지닌 이 농장의 4대 농장주다. 농장의 고도, 기온, 강우량 그리고 화산재로 이뤄진 토양 등 모든 것이 커피 생산에 알맞은 환경을 형성하고 있다. 일본에도 커피콩을 수출한다.

비닐로 덮인 건조장의 콘크리트 바닥에는 갓 수확해 습기가 남은 상태의 커피콩이 쌓여 있다. 밖에서는 니카라과로부터 온 계절노동자가 건조된 콩을 선별하고 있다. 69*kg*의 커피 한 자루를 크기나 무게에 따라 6명이 하루 동안 선별한다. 얼핏 보니 그들의 작업 배경이 되는 산 위에 커다란 무지개가 걸려 있다.

코스타리카의 커피 재배 역사는 길다. 1840년대에는 영국에 수출했고, 이로 인해 중미지역에서 가장 부유한 나라가 되었다. 커피를 항구까지 옮기기 위해 철도가 만들어지고, 그 주변에 바나나를 길렀기에 바나나 생산도 늘었다. 1897년 산호세에 지금의 국립극장인 오페라극장이 세워졌는데, 천장에 커피와 바나나를 수확하는 풍경이 그려져 있다. 하지만 현지를 모르는 유럽 화가가 그린 탓에, 해안 바로 옆에 커피 농장을 그리고, 농민이 바나나를 거꾸로 들고 있는 등 실제와는 차이가 있다면서 코스타리카 사람들은 쓴웃음을 짓는다.

'환상의 섬'을 보러 갔다. 산호세에서 이른 새벽 4시에 출발해 차를 타고 남동쪽으로 약 2시간을 달렸다. 차에서 내린 뒤에는 기복이 심한 산길을 15분 정도 걸었다. "세로 데 라 무에르테(죽음의 계곡)"라 불리는 산간의 숲이다. 경사면 나무에서 새들의 모습이 보였다. 바로 10m 앞 나뭇가지에 에메랄드빛 꼬리를 늘어뜨린 새가 앉아 있다. "세계에서 가장 아름다운 새"로 불리며, 데즈카 오사무의 저서 『불새』의 모델이었다고 일컬어지는 케찰이다. 꼬리까지 포함하면 몸길이가 1m에 이르며, 둥글고 귀여운 눈을 가졌다. 새가 앉은 나무는 이름대로 아보카도를 작게 축소한 것처럼 보이는 리틀 아보카도 나무인데, 이 나무 열매를 좋아한다고 한다. 잠깐 푸른 하늘을 올려다보는 것 같더니 돌연 푸드덕

날갯짓을 하며 호쾌하게 비상한다. 이렇게 가까이서 실물을 보는 일은 극히 드물다고 했다.

골짜기에 오는 도중 산 위에 풍차가 잔뜩 늘어선 것을 보았다. 2015년 들은 바에 따르면, 코스타리카 에너지의 93%는 자연에너지였다. 수력발전이 76%, 지열발전이 12%, 풍력발전이 4%를 차지한다. 2021년까지 자연에너지를 100%로 하겠다고 선언했지만, 2017년에 이미 99%를 달성했다. 나머지 1%는 화력발전이다. 물론 원전은 1기도 없다.

후쿠시마 원전 사고가 일어난 2011년 12월 라우라 친치야 코스타리카 대통령이 일본을 방문해 기자클럽에서 회견을 열 당시 나는 "코스타리카는 원전을 사용할 계획이 있습니까?"라고 질문했다. 그러자 친치야 대통령이 분명한 어조로 말했다.

"코스타리카는 과거에도 원전 (사용) 계획이 없었고, 미래에도 없을 겁니다. 자연에너지에 투자하고 있으므로 원전은 필요하지 않습니다."

그때 코스타리카 대통령의 방일 목적 중 하나가 지열발전과 관련해 일본 기업에 강도 높은 기술 협력을 요청하기 위해서였다. 내가 코스타리카를 최초로 방문한 1984년에

이 나라의 에너지 정책을 물은 적이 있는데, 이미 지열발전이 상당히 발달해 있었다. 당시로서는 드문 발전이었던 까닭에 흥미를 갖고 질문했다. "기술은 다른 나라에서 도입했다"라고 하기에 어느 나라인지 물었더니 "일본"이라고 답했다. 그 뛰어난 발전 기술을 왜 일본에서 활용하지 못하는지 고개를 갸우뚱하게 되는 순간이었다.

제6절

평화국가는 어떻게 만들어졌나?

자원은 사람

코스타리카처럼 특이한 평화, 교육, 환경 국가가 어떻게 만들어질 수 있었을까? 그것도 빈곤과 억압, 내전으로 세월을 보내던 중남미에서 말이다.

이유의 하나는 이 나라에 자원이 없었기 때문이다. 콜럼버스가 이끄는 스페인 탐험대는 이 지역을 "Costa(해안) Rica(풍요로운)"라고 이름 붙였다. 배에서 바라본 해안에 녹음이 우거져 있었기 때문이었다. 나무를 심은 사람들은 우선 정글 개척부터 시작했다. 혼자서는 불가능한 일이라 많은 이들이 협력해야만 했다. 이를 계기로 서로 돕는 정신과 평등을 존중하고 늘 사회를 생각하는 국민성이 뿌리 내렸다.

다른 중미 나라에서는 스페인인이 대지주가 되어 선주민을 노예처럼 부렸다. 하지만 코스타리카에는 원래 선주민이 적었기 때문에 스페인인도 스스로 일할 수밖에 없었다. 일확천금을 노리던 사람들은 자원이 풍부한 중남미의 다른 땅으로 건너가고, 점점 스스로 일하는 사람들만 남게 되었다. 또 당시 중미지역 스페인 식민 지배의 거점이었던 멕시코나 과테말라에서 가장 먼 곳이 코스타리카였다. 다시 말해 사람들의 자치는 여기까지 권력의 지배가 미치지 않았기 때문이었다.

일본의 에도 시대 말기에 코스타리카는 중미연방이라는 나라의 1개 주였다. 당시 정치가들은 의회에서 "코스타리카주가 평화에 의한 행복과 결속에 의한 강함을 갖추고, 나날이 수확한 벼이삭이 늘어나 아이들의 뺨 위를 흐르는 눈물이 줄어들기를 바란다"고 말했다고 전해진다. 풍요로움의 기준이 아이들에게 맞춰져 눈물을 흘리지 않게 되는 나라를 이상으로 여겼다는 이야기다.

이후 독재자가 등장하지만, 그조차 청렴결백했다. 그는

프랑스 문화를 받아들여 커피 생산으로 나라를 풍요롭게 하려 했다. 그러던 참에 영국 무역선이 나타나 커피 수출이 시작된다. 시기도 마침 크리스마스라 성실한 이들에게 하늘이 주는 선물과도 같았다.

1848년 정식으로 공화국 독립선언을 했다. 초대 대통령이 가장 먼저 한 일은 여자고등학교 설립이다. "무관심, 무교육, 무지야말로 악의 근원"이라며 교육에 힘을 쏟고, 출판의 자유를 진보시켰다. 일본보다 빠른 1871년 헌법에 의무교육을 명시했고, 1877년에는 사형을 폐지했다. 사회보장도 충실해서 의료비와 교육비가 무료이며, 인권에 주의를 기울이는 사회가 일찍이 이즈음부터 시작된 것이다.

1856년 미국인이 이끄는 무장단체가 코스타리카를 침략했지만, 국민이 힘을 모아 싸운 결과 물리칠 수 있었다. 하지만 이 승리로 인기를 얻은 대통령이 우쭐해져서 사욕을 채우자 다시 국민이 반발해 그를 추방했다. 1882년부터는 자유주의 정권이 이어졌다. 20세기가 되어 대통령선거 부정을 둘러싸고 2개월간 내전이 일어났지만, 내전이 끝나자 이를 반성하며 군대를 없앴다.

이런 역사를 보면 국민이 견실한 것과 리더가 뛰어났다

는 점이 눈에 들어온다. 덴마크의 역사와도 닮았다.

따뜻한 나라

2015년 코스타리카 에코투어 가이드를 해 준 것은 일본인 청년 야마모토 츠요시다. 일본에서 알게 된 코스타리카 여성과 결혼해 코스타리카에서 살고 있다. 야마모토는 "이 나라에 살고 있어 행복하다"면서 "가족끼리 인권에 관한 이야기를 할 만큼 인권 선진국이에요. 병이 들더라도 걱정 없고, 장애인 고용이 활발한 따뜻한 사회죠. 아이들 몸 상태가 안 좋다고 말하면 일터에서 바로 조퇴시켜 줍니다"라고 이유를 들었다.

그런 뒤 돌연 야마모토가 에코투어 버스 기사에게 "당신은 행복한가요?"라고 물었다. 기사는 그 말이 떨어지기가 무섭게 "물론이지!"라고 대답하더니 바로 "왜냐하면 군대도 없고, 우리는 평화를 사랑하니까"라고 덧붙였다. 이후에 만난 다양한 코스타리카 사람들에게 "당신은 행복하십니까?"라는 질문을 매번 던졌는데, 누구든 예외 없이 그 자리에서 "네, 행복합니다"라고 답했다.

최고재판소의 로드리게스는 "물론 행복하죠"라고 즉답한 뒤 "인생의 목적을 달성하고 있으니까요. 사회적으로는 아직 문제가 있어서 사람들 수입이 많은 건 아니지만, 이 나라에서의 인생은 소박하고 여러 서비스도 받을 수 있습니다. 더구나 좋아하는 일을 할 수 있고요"라고 덧붙였다.

공교육성의 여성 직원 글로리아는 "네, 행복해요. 이 나라는 가난한 중남미에 있지만, 일찍부터 전기를 사용했고 사회보장도 완비되어 있어요. 높은 사회보장비를 지불하지만, 그 제도를 기꺼이 감당하는 게 코스타리카 사람들의 정체성이라고 생각합니다. 뛰어난 제도를 다 함께 지켜간다는 일체감이 있죠. 매일 안정된 생활이 가능하다는 걸 행복이라 부른다면, 저는 무척 행복합니다"라고 단언했다. 단지 행복한 사회에 있을 뿐만 아니라 행복한 사회를 자신들이 만들어가고 있다는 의식이 있었다.

한편 대학교수 챠콘은 "행복하지요. 사람의 온기를 접할 때마다 그렇게 느낍니다"라며 운을 뗐지만, "최근 30년간 미국식 신자유주의 경제가 확산되어 소수의 사람만 이익을 거두게 되었습니다. 기회의 평등이 손상된다면 국민이 행복하지 않다고 느끼게 되겠죠"라고 우려했다.

그의 말처럼 지금의 코스타리카가 모든 면에서 천국은 아니다. 농업과 에코투어 등의 관광이 주체인 경제로는 시장경제 아래서 큰 발전을 이룰 수 없다. 앞으로 글로벌 경제에 흡수된다면 지금까지 쌓아올린 복지사회가 파괴될 우려가 있다.

범죄율 상승도 걱정거리다. 남미에서 미국으로 코카인을 가져가는 마피아가 중간 경로인 코스타리카로 들어와 범죄 조직을 만들었다. 경찰봉밖에 소지하지 않았던 경찰들이 이제는 범죄에 대응하기 위해 피스톨은 물론 자동소총까지 갖고 있다.

마약 조직은 군대 규모의 무기가 있어 국경경비대가 당해낼 수 없으니 무장을 강화하자는 주장도 있다. 그렇다고 하더라도 그것이 재군비 주장이나 평화헌법을 재검토하자는 이야기로 이어지지는 않는다. 현재의 여당, 시민행동당의 창립자 오톤 소리스 국회의원은 "선거 때 재군비를 주장하는 후보자가 나온다면 한 표도 얻지 못할 것"이라고 자신 있게 말했다.

Ⅱ장

쿠바는 지금: 미국과의 국교 회복

반세기 이상 단절됐던 쿠바와 미국이 국교를 회복했다. 오바마 정권 당시 미국은 대사관 재개뿐만 아니라 쿠바에 대한 제재를 일부 해제했고, 오바마는 현직 미국 대통령으로서는 처음으로 쿠바를 방문했다. 하지만 혁명을 이끈 피델 카스트로가 타계하고 미국에 트럼프 정권이 탄생하면서 양국관계는 다시 위태로워졌다.

이제 쿠바는 어떻게 될까?

나는 대학생이던 1971년 첫 해외여행으로 쿠바를 방문했다. 관광이 아니라 반년 동안 체류하면서 쿠바인들과 함께 사탕수수를 수확하는 자원활동을 한 것이다. 〈아사히신문〉 기자가 되면서부터는 중남미 특파원이나 미국 특파원으로 쿠바를 10회 정도 현지 취재했다. 이렇게 쌓은 반세기 가까이의 체험을 나누고 국교 회복으로 무엇이 바뀌었는지 보고하는 한편, 앞으로의 쿠바가 어떻게 될 것인지 전망해 보려 한다.

제1절

국교 회복의 효과

맥도날드는 아직

천장이 오픈된 붉은 색의 2층 투어버스가 쿠바의 수도 아바나 거리를 달린다. 마치 런던이나 파리 같다. 오랜 세월 쿠바를 봐 왔지만, 이런 모습은 처음이다. 야구 모자를 쓰고 카메라를 목에 건 관광객이 여기저기서 눈에 띈다. 수도뿐만 아니라 지역 마을에도 관광객이 넘쳐난다. 미국이 지금까지의 쿠바 봉쇄 정책의 실패를 인정하고 국교를 회복한 것은 2015년 7월이다. 그로부터 반년이 지난 2016년 1월 오랜만에 쿠바를 찾아가자 전에 없던 활기찬 풍경이 눈에 들어왔다.

가두에서 판매되는 쿠바공산당 기관지 〈그란마〉에는 "해외 관광객, 기록적인 수치로"라는 표제의 기사가 실려 있다. 오바마 미국 대통령이 쿠바와의 국교 회복을 발표한 것은 2014년 12월이다. 효과는 절대적이었다. 당시까지 쿠바를 방문한 관광객은 연간 300만 명 정도였는데, 2015년 단숨에 350만 명을 넘었다. 기사는 "쿠바 경제 발전에 기여할 것"이라고 논평했다.

이 중 가장 많은 비중을 차지한 것은 캐나다인들로, 130만 명이다. 추운 북쪽에서 따뜻한 날씨를 찾아 정기적으로 날아오는 그들은 "철새"라 불리는데, 하루에 항공기 15편이 쿠바와 캐나다를 잇는다. 미국 정부는 이 시점에도 쿠바 도항 허가를 하지 않았으나, 16만 명의 미국인이 쿠바를 방문했다. 전년도에 비해 80%나 늘어난 기록적인 수치였다.

2016년 2월에는 미국과 쿠바의 항공협정이 맺어졌다. 미국과 쿠바 사이에 하루 110편이나 되는 비행기가 오가게 된 것이다. 미국 10개 공항과 쿠바 10개 공항에 취항이 이뤄져 이 수치에 이르렀다. 곧 미국인의 쿠바 입국은 100만 건을 가뿐히 넘어설 것이다.

이러한 움직임에 힘입어 2016년 쿠바를 방문한 관광객이 400만 명을 넘어섰다. 38년 만에 미국에서 700명을 태운 크루즈가 아바나에 입항했다. 아바나의 호텔은 죄다 만실이라 관광객이 숙박 시설을 찾는 데 애를 먹었다. 새로운 호텔이 차례차례 개업하는 한편, 낡은 호텔에 미국 업자가 들어가 내부를 바꾸고 서비스 개선에 노력했다. 향후 5년간 2만2000실 이상으로 수용 능력을 늘린다는 계획을 내놓고도 이것만으로 부족할지 모른다는 생각에 시민들에게 민박 경영을 장려하고 있다. 민박은 이미 1만 곳을 넘었다.

쿠바에서는 국교 단절 이전에 미국에서 들어온 낡은 승용차들이 아직도 거리를 달린다. 1950년대식 닷지와 뷰익, 심지어 1928년에 나온 박스형 포드까지 택시로 운용된다. 신기해하는 관광객이 자주 이용하자 거리를 달리는 앤티크 자동차가 삽시간에 늘었다. 번쩍번쩍 광을 낸 오픈카가 관광지에 늘어서 있다. 창고에서 꺼내 다시 도장한 것들이다. 개중에는 "매물"이라고 쓴 종이가 창에 붙어 있는 경우도 있다. 가격은 약 72만 엔이다. 다만 배기가스 등의 기준을 충족하지 못해 일본에서는 이용할 수 없다. 미국과의 무역이 본격화하면 할리우드 영화계가 몽땅 사들일 것 같다. 그 밖에도 관광객 대상의 마차라든가 야자나무 형태를 한 코코아 택시도 있다.

노포 레스토랑에는 밤낮없이 관광객이 밀어닥친다. 손님이 식사하는 동안 음악을 연주하는 밴드가 많이 늘었다. 자신들의 연주를 담은 CD를 준비해 그 자리에서 판매하기도 한다. 자영 레스토랑도 급증했다. 요리도 좋아지고, 메뉴도 늘었다. 식전 음료로 쿠바 명물인 럼주의 칵테일이나 모히토를 무료로 제공한다. 예전의 '소련형 사회주의' 시대에는 생각조차 할 수 없던 서비스다.

군에서도 관광산업의 흐름을 타고 가비오타(스페인어로 '갈매기')라는 관광회사를 운영 중이다. 장갑차를 조종하던 병사가 관광버스 기사로, 전투기 조종사가 국내선 항공기 기장으로 투입됐다고 한다.

줄어든 것도 있다. 예전에는 군복 차림의 경찰관이 거리 이곳저곳에 서 있었는데, 이번에 가 보니 한 사람밖에 눈에 띄지 않았다. 치안이 좋아졌기 때문이라고 한다. 관광객이 늘어나기 시작할 당시 이른바 "생쥐"로 불리는 소매치기나 좀도둑이 횡행했지만, 자영업이 인정받아 합법적으로 돈을 벌 방법이 늘어나면서 범죄도 급속도로 줄었다.

이런 변화에 대한 쿠바 사람들의 반응은 복잡하다. 저널

*
수도 중심부에 관광객용 택시로 운용되는 앤티크 자동차가 늘어서 있다.
=2016년 1월, 아바나

리스트 카를로스 바티스타는 국교 회복에 대해 "정당화를 향한 긴 과정이 이제 시작됐을 뿐입니다. 미국에 의한 경제 제재가 계속되는 등 아직 해결해야 할 문제가 많아요. 친구 관계가 되기 전에 먼저 좋은 이웃이 되어야 하지 않을까요? 서로를 존중할수록 대립은 풀려갈 거예요"라고 말했다. 미국이 쿠바에 대한 경제 제재를 멈추고 대등한 관계가 될 때야말로 진정한 교류가 시작될 수 있다는 이야기다. 기상 정보 교환이나 자연보호, 의료 협력 등 '해결이 쉬운 분야'에서

구체적인 협력이 시작됐지만, "맥도날드가 쿠바에 들어오기까지는 아직 시간이 걸릴 것"이라고 그는 단언했다.

한편으로 관광업자가 관광객을 위해 식량을 모아 두는 슈퍼마켓의 가격이나 택시요금이 올랐다는 사실도 지적했다. "일반적인 쿠바 국민에게 국교 회복은 현재 마이너스 효과밖에 없다"면서 목을 움츠렸다.

관광의 핵심은 체 게바라

쿠바를 찾은 관광객들을 위한 특산 기념품도 늘어났다. 핵심은 쿠바혁명의 영웅이자 그 정한한 얼굴로 세계적인 패션이 된 체 게바라다. 붉은 천에 검은 색으로 게바라 얼굴을 새긴 반다나, 사방 1m나 되는 게바라 깃발, 게바라가 방긋 미소 짓는 사방 30㎝ 크기의 캘린더는 뉴욕 서점에서 파는 제품처럼 세련되게 만들어졌다. 그 밖에도 티셔츠, 그림엽서, 책, 책갈피, 키홀더, CD, 궐련케이스, 심지어 그의 얼굴을 그린 야구공 등 온통 게바라 퍼레이드다.

유네스코는 게바라가 게릴라전에서 목숨을 잃기 전까지 쓴 『볼리비아 일기』 등 '체 게바라의 인생과 작품'을 2013

*
체 게바라 동상

년에 세계기억유산으로 등록했다. 쿠바의 체 게바라가 공식적으로 세계의 체 게바라가 된 것이다.

쿠바 중부에 자리 잡은 산타클라라에는 대규모의 게바라 영묘가 있다. 경기장 스탠드 같은 석단 대좌 위에 높이 6.6m의 검은색 게바라 동상이 서 있다. 전투복 차림의 동상은 머리에는 베레모를, 오른손에는 총을 쥐고 골절된 왼팔을 감은 스카프를 목에 걸었다. 쿠바혁명의 분수령이 되었던 산타클라라 전투에서의 모습이다.

대좌 아래는 박물관이 있다. 아침 일찍 아직 개관 전인 그곳을 찾았건만 벌써 수십 명의 손님이 줄을 서 있다. 함께 싸운 39명의 게릴라 병사 유골도 같은 벽에 안치되어 있다. 일본계 프레디 마에무라의 유골도 있다. 박물관 뒤는 넓은 묘지로, 산타클라라 전투 전사자나 이후 사망한 혁명전사가 묻혀 있다. 옆에 새롭게 지어진 기념품점 두 곳의 매장을 넓혀 놓았고, 상품은 모두 게바라와 관련된 것들이다.

산타클라라 거리를 가로지르는 선로에는 탈선, 전복한 화차가 그대로 전시되어 있다. 혁명 당시 정부군은 408명의 병사와 무기를 실은 열차를 보냈는데, 게바라는 고작 18명의 병사를 이끌고 싸워 이겼다. 화차는 장갑으로 중무장되어 있지만, 바닥이 목재라는 정보를 손에 넣어 바닥에 폭약을 설치해 승리할 수 있었다. 그뿐만 아니라 혁명군은 병영에 있던 3000명의 정부군과도 싸워 이겼다. 혁명군의 숫자는 불과 340명이었다. 2~3개월은 걸릴 것이라던 산타클라라 점령을 불과 72시간 만에 성공한 것이다.

혁명전쟁이 시작된 후 게바라의 직속 부하였던 오스칼 페르난데스를 만나 2시간에 걸쳐 게바라와의 추억에 대해

*

체 게바라와의 추억을 이야기하는 페르난데스.
=2016년 2월, 아바나

들었다. 그는 게릴라전 사령관, 혁명군 장군 등의 직책으로 게바라와 함께 아프리카 콩고에서도 싸웠고, 이후 아바나 시장을 10년간이나 역임한 거물이다. 당시 84세였지만, 여전히 정정했다.

페르난데스가 게바라의 부하가 된 것은 1958년으로, 막 의사가 된 28세 때다. 그는 혁명군에 참가해 쿠바 동부 시에라 마에스트라 산에 있던 게릴라 근거지로 들어가 사령관이자 군의를 겸하고 있던 게바라의 야전병원에서 군의로 복무했다. 산에서 내려와 수도로 진격할 당시에는 물이 가슴팍까지 차오르던 늪지대를 행군했다고 한다. 그는 다음과 같이 회고했다.

"대군을 상대해 이긴 건 체의 재능 덕분입니다. 그에게는 조직의 재능이 있었고, 사전에 정보를 수집하는 시스템도 만들었죠. 체는 싸우면서 농지개혁법을 공부한 노력가예요. 타인의 이야기에 귀 기울이고, 미국의 기업 경영 시스템이 대단히 참고가 된다고 말했습니다. 혁명 성공 이후 국립은행 총재가 됐을 때는 경영학자들을 어드바이저로 초빙해 '여러분의 말대로 하겠다'면서 그들을 신뢰하며 일을 맡겼어요. 그와 동시에 엄청나게 공부해서 반년 뒤에는 그들이

'이제 당신에게 더 가르칠 것이 없다'고 할 정도로 전문가가 됐죠. '기술에 이데올로기는 없다'고 자주 말했습니다."

게바라는 자신의 신념을 향해 무서운 기세로 나아가는 이미지를 갖고 있지만, 한편으로 자신이 모르는 것은 현명하게 학습하고, 입장이 다른 사람의 생각이라도 실용적이라면 적극적으로 받아들이는 관용적이면서도 유연한 성격이었다는 것이다.

"체는 정직하고 성실한 인간이었어요. 혁명 이후 그의 부모가 아르헨티나에서 쿠바로 왔을 때 항공료를 쿠바 정부가 내 주려고 하자 '개인을 위해 국가의 돈을 써서는 안 된다'면서 거절했죠. 양친의 호텔비도 없어서 친구 집에 묵으시게 했어요. 타인에게 무언가를 명령하기 전에 스스로 솔선수범하는 모습을 보였습니다. 체를 위해서라면 죽어도 좋다는 사람들이 잔뜩 있었죠."

개발도상국에서 새로운 세력이 정권을 잡으면 권력을 자랑하며 직권남용과 부패를 저지르는 경우가 많지만, 게바라는 자신을 통제했다. 그는 인간은 자신의 이익을 위해서가 아니라 사회를 위해 "새로운 인간"이 되는 것을 지향해야 한다고 주장했다. 그것을 스스로 실천한 것이다.

게바라는 어떻게 해서 존경받는 인간이 된 걸까?

"체가 그런 인간으로 성장한 건 어머니가 훌륭했기 때문이에요. 어린 시절 천식 때문에 학교에 다니지 못했던 체에게 어머니가 글자와 프랑스어, 당신의 사랑을 가르치셨어요. 그의 인생에서 가장 영향을 준 사람은 어머니 마리아죠."

마지막으로 페르난데스는 산타클라라 전투 당시의 에피소드를 들려 줬다.

"장벽을 뛰어넘던 체가 굴러떨어져 왼팔이 골절됐어요. 그의 팔에 포대를 감아 준 것이 바로 군의였던 저입니다."

살찌는 국민의 일상생활

아바나공항 밖으로 나온 찰나 사회 변화를 실감했다. 눈앞의 시민 태반이 살이 쪄 있다. 쿠바에서는 경제 상황이 국민의 체격에 고스란히 반영된다. 방문할 때마다 국민이 살쪄 있거나 야위어 있었는데, 2016년 1월은 특히 살이 쪄 있었다. 식생활이 풍요로워졌다는 증거다.

거리에 레스토랑도 늘었다. 거의 자영업이다. 메뉴도 자유로워져 닭새우 그릴까지 있다. 닭새우는 카리브해에서 많이 잡히는데, 예전에는 대부분 일본으로 수출했다. 1980년대 국가평의회 의장이던 피델 카스트로가 연설에서 "닭새우를 먹어치우면 한 주간의 급료를 써 버리지만, 부자인 일본에 수출해 외화를 벌면 아기들에게 무상으로 우유를 줄 수 있다. 어느 쪽이 좋겠나?"라고 국민에게 물었다. 그러나 지금은 흔하게 나돌고 있다.

일반 시민이 즐겨 이용하는 돼지고기 레스토랑에 가니 몇 년 전보다 붐비고 주차장도 가득 차 있다. 이전에는 메뉴가 한정되어 있었지만, 지금은 벽 칠판이 모자랄 정도로 요리 가짓수가 늘었다. 1980년대는 물론 소련의 원조가 끊긴 1990년대 초 쿠바인들은 겉보기에도 야위어 있었다. 그러던 것이 이제는 그저 살찐 정도가 아니다. 거리에 헬스장이 등장하고, 비만을 신경 쓰는 여성들에게 다이어트를 권장하는 수준이다.

쿠바인은 아침에는 빵을 먹지만, 점심과 저녁 주식은 쌀이다. 보통 먹는 것은 콩그리라는 전통요리와 콩밥이다. 백미에 검은콩을 섞기 때문에 팥밥처럼 보이기도 한다. 쌀은 인디카로, 90% 가까이를 중국, 베트남, 타이에서 수입한다.

여기에 닭고기, 토마토, 오이 등을 곁들여 먹는다. 채소는 거의 모두 쿠바산이다.

고기는 소고기보다 돼지고기나 닭고기를 즐겨 먹는다. 소고기는 수입하지만, 돼지고기와 닭고기는 거의 국산으로 조달한다. 아바나에서 교회로 향하는 길 여기저기에 돼지고기를 숯불에 구워 파는 바비큐 노점이 있다. 새끼돼지 햄을 빵 사이에 넣은 가벼운 샌드위치 '판 콘 레촌'이 쿠바의 패스트푸드다. 지방 축제에서는 종종 통돼지 구이도 등장한다. 주변이 바다로 둘러싸인 섬나라여서 생선을 먹으면 좋을 것 같지만, 국민에게 생선을 먹는 습관은 거의 없다. 열대 바다 생선은 식용에 적당한 종류가 적고, 냉장 기술이 없어 금방 부패하기 때문이다.

주택 지구에는 배급소가 있는데, 칠판에 배급 품목과 가격이 적혀 있다. 혁명 직후에는 거의 모든 음식이나 일용품이 배급제였지만, 지금은 쌀, 설탕, 소금, 식용유, 분유, 계란 등 필수품에 한해서만 배급이 이뤄진다. 쌀 가격은 50년 전에 비해 크게 달라지지 않았다. 일본 엔으로 환산하면 1*kg*에 약 2.5엔으로, 거의 무료라고 할 만한 가격이다. 슈퍼마켓이나 시장에 가면 선반에 많은 양을 진열해 놓고 판다.

이곳은 가격이 비싼 편이지만, 그래도 1*kg*에 60~90엔 정도다. 일본의 쌀 가격과 비교하면 정말 싸다.

식량 사정은 어쨌든 좋아졌지만, 일상의 커다란 문제가 교통이다. 전철이나 지하철이 없고, 버스도 부족하다. 즉 대량 운송 수단이 없다. 보통 걷거나 자전거를 이용하지만, 서두를 때는 한 번에 6명이 탈 수 있는 흰 번호판의 승합택시를 이용한다. 비용이 50엔 정도라 비싸다. 멀리 갈 때는 히치하이크를 한다. 차를 세우기 위해 전문 공무원이 제복을 입고 국도 요소에 서 있다. 그래도 이전과 비교하면 좋아진 편이다. 1991년 소련 붕괴로 석유가 들어오지 못해 심각한 휘발유 부족 현상이 일어났을 때는 대량 운송 수단으로 트레일러를 개조한 초대형 버스가 등장했다. 등에 혹이 두 개 달린 낙타처럼 보여서 "낙타 버스"로 불렸다. 당시는 도쿄 지하철의 러시아워처럼 사람들로 가득 찼지만, 지금은 모습을 감췄다.

공원에 가니 시민들이 벤치에 앉아 담소를 즐기고 있다. 휴대폰이나 노트북을 쓰는 이들도 많다. 총인구 1100만 명 중 휴대폰을 가진 사람이 현재 300만 명에 달한다. 공원 등에서 연배의 남성들이 머리를 맞대고 있는 것은 도미노를 즐기고 있어서다. 일본의 바둑이나 장기에 해당하는 놀이로, 참여하는 이들뿐 아니라 주변 사람들도 즐겁게 구경하고 있다. 지역마다 도미노 클럽이 있을 정도다.

벤치에서 기타를 치며 노래하는 노인도 있다. 과연 음악의 나라다. 전통적인 노래뿐만 아니라 즉흥으로 노래하며 연주한다. 부에나 비스타 소셜 클럽이 일세를 풍미했지만, 그들 같은 연주 활동은 극히 일상적으로 가두에서 볼 수 있다.

가정에서의 오락은 춤이다. 가족이 모여 라디오에서 흘러나오는 멜로디에 맞춰 춤을 추는데, 주부들은 "춤추며 요리한다"는 말까지 있을 정도다. 주말은 자택이나 친구 집에서 열리는 홈 파티에서 춤춘다. 물론 TV도 있다. 수도의 채널은 6번으로 〈야자나무와 사탕수수〉라는 음악 프로가 인기다. 녹화 현장에서 나온 제목에 맞춰 그 자리에서 가사를 만들고 기타로 곡을 붙여 노래한다. 즉흥 싱어송라이터다.

젊은 연인들에게는 돈이 들지 않는 산책이 가장 인기다. 수도 근처 해안의 말레콘 거리는 해질녘이 되면 커플들로 붐빈다. 안벽에 붙어 이야기를 나누는 실루엣이 석양에 비친다.

제2절

강력한 정책

유기농업

아바나 거리 여기저기서 가정채원 규모로 보이는 곳들이 눈에 들어온다. 길가 공터 사방에 블록을 두른 후 꾸며 놓은 텃밭도 보인다. 쿠바의 식량 사정이 좋아진 배경에는 시민 주도의 농업 확산이 있다. 그것도 무농약 유기농업이다. 이제 쿠바의 유기농업은 세계적으로 유명해져 유기농업에서는 선진국이라 불린다.

쿠바의 농업이라고 하면, 예전에는 사탕수수와 과일 정도였다. 사탕수수는 대농원에서 재배되어 수확기에 계절 노동자들이 베었다. 흔히 생각하는 논밭을 경작하는 농업과 다르다. 무논이 적고, 비타민은 채소가 아닌 과일을 통해 섭취한다. 그것이 변화하게 된 계기는 정치적 이유에서다. 소련 · 동구권의 '사회주의' 붕괴가 그것이다. 1989년 베를린장벽이 붕괴하고 동유럽 정권이 차례로 쓰러지면서 소련 · 동구권 원조나 수입 식량이 쿠바로 들어오지 않게 되었다. 이 때문에 식량 자급이 긴급한 과제로 떠올랐다.

사람들은 자택 정원에 텃밭을 가꾸기 시작했다. 화학비료도 들어오지 않았기에 유기농업이 확산했다. 정부는 사람들에게 유기농업 기술을 가르쳤다. 이처럼 처음에는 어쩔 수 없이 유기농업을 도입해야 하는 사정이 있었던 것이다. 그 후 자영농업 장려로 공무원을 그만두고 농민이 되는 사람이 늘었다. 이제는 쿠바 전 국토의 8할 이상에서 무농약 농업이 실시되고 있다.

아바나의 주택가 아타베이 지구에 모범적인 유기농원이 있다. 니가타현 출신의 일본인이 시작한 곳이다. 농원 이름은 '엘 하포네스(일본인)'다. 1970년 정부로부터 토지를 빌려 일반적인 농업을 시작했지만, 1990년에 유기농법으로 바꿨다. 지금은 일본계 3세인 알렉스가 경영하고 있다. 농원을 둘러보니 루콜라와 양상추 등 채소가 정연하게 심어져 있다. 넓이는 약 1*ha*로, 살충제 등 농약을 전혀 사용하지 않고 해충을 쫓는 풀을 심었다. 지렁이를 이용한 퇴비나 음식 쓰레기를 처리한 콤포스트를 사용한다.

밭 한 귀퉁이에는 쿠바에서 처음으로 도입된 온실이 있다. 독일에서 기증받은 것으로, 토마토와 오이를 키운다. 수확한 작물은 가까이에 있는 학교 세 곳, 보육원 네 곳, 그리고 임신한 여성들이 지내는 케어 홈 등과 계약해 싼 가격으로 출하한다. 재배뿐만 아니라 재배 연구 결과를 시험하는 시험 농장 역할도 수행한다. 농원 가까이에 대사관이 많아서 외교관이 자기 나라의 종을 가져와 길러 달라고 의뢰하는 경우도 많다고 한다.

이곳에서 조금 떨어진 시보네이 지구의 '로스 라라' 농원도 1*ha* 규모로, 시금치나 구아바, 딸기 등을 재배한다. 양상추 잎을 한입 베어 무니 맛이 달다. 원래 쓰레기 처리장이던 정부 소유 토지를 10년 계약으로 빌려 쓰고 있다. 사용권은 무료인데, 개인 농원을 확산하려는 정부 정책을 따르기 때문이다. 그만큼 세금으로 나라에 공헌한다고 자랑한다. 여기서는 국가평의회나 대사관과 계약을 맺고 농작물을 재배해 보육원 다섯 곳에 싼 가격으로 출하한다. 가격

교섭에 변호사가 개입해 이익률이 20% 정도 보장되도록 한다.

주 1회 생태 전문가가 와서 재배에 관해 지도한다. "유기농법을 시작하고부터 매상이 늘어나 생활이 풍족해지고 이층집도 신축했다"면서 경영자 라파엘 라라(60세)가 웃었다. 호화로운 저택에 풀장까지 있다. 그는 "이전에는 사회주의와 어울리지 않는다며 자영업에 제한이 많았어요. 악마 취급하는 시선을 받은 적도 있고요. 라울 카스트로가 국가평의회 의장에 취임해 '자영업이 이 나라를 유지할 것'이라 발언하고, 2011년 공산당대회에서 자영업이 장려되고부터 분위기가 달라졌죠"라고 말했다.

이 농원에는 18명이 일한다. 급료는 하루 1페소로, 다른 곳에서는 생각할 수 없을 정도로 높다. 의사 급료의 2~3배이기 때문이다. 연금생활을 하며 이곳에서 일하는 73세 남성은 "노동시간은 점심시간까지 포함해 오전 7시부터 오후 6시까지입니다. 일하고 싶을 때 일하고, 집에 가고 싶으면 집에 가죠. 여기서의 일과 급여에 만족합니다"라고 말했다.

재배와 더불어 직접 판매도 한다. 도로변에 차려 놓은 노점 직판장에는 오이, 당근, 파파야, 마늘 등이 진열되어 있

*
유기농 농장 '로스 라라'의 경영주 라파엘 라라(가운데)와 농민들.
=2016년 1월, 아바나 근교

다. 레몬은 12개에 40페소로, 일본 엔으로 환산해 200엔이다. 4인분의 채소 스프 세트는 30페소, 즉 150엔이다. 이 농원의 산물이 아닌 160명의 조합원이 소속된 지구농협의 생산물도 같이 판매한다. 손님이 끊이지 않는다.

라라는 더 광범위하게 판매해 봐야겠다는 생각으로 새로운 직매 점포를 짓고 있다. 그는 "국가평의회에 출하하고 있으니 피델이나 라울(카스트로)도 우리 농원 제품을 먹고 있을 거예요"라며 미소를 지었다.

자랑스러운 교육과 의료

쿠바가 세계에 자랑하는 것이 두 가지 있다. 바로 무상 교육과 의료다. 누구라도 유치원에서 대학원 박사 과정까지 무료로 교육받을 수 있다. 병에 걸리면 무료로 검진받을 수 있고, 심장이식 수술까지 무료다. 이 두 가지야말로 쿠바혁명이 추구한 것들이다. 혁명 전에는 부자들만 교육 및 의료 혜택을 받을 수 있었다. 흑인이나 가난한 집 아이는 학교에 다닐 수 없었고, 병에 걸려도 병원에 갈 수 없었다. 그러던 것이 급변했다. 개발도상국임에도 불구하고 경제대국 일본이나 미국조차 할 수 없는 일을 실현한 것이다.

수도에는 커다란 학교가 여러 곳 있어 하교 시간에는 교복 차림의 학생들이 거리 곳곳에 보인다. 쿠바 중부의 농촌 지대를 버스로 달리다 보니 언덕 위에 작은 학교가 있었다. 쿠바혁명 영웅의 이름을 딴 까밀로 시엔푸에고스 초등학교로 교실은 두 개뿐이다. 통통한 체구의 마이데 교장이 1~4학년을 담당하고, 또 다른 교사가 5~6학년을 맡는다. 두 사람이 15명의 아이를 가르친다. 교실에는 TV 모니터와 지구본이 있지만, 낡은 칠판은 다 닳아 있다. 새로운 보조금이 없었다는 이야기다.

쿠바는 초등학교 6년, 중학교 3년, 고등학교 3년으로 대학 진학 이전까지는 일본과 같다. 다만 대학은 5년제이며, 의학교는 6년제다. 혁명 이전 세 곳뿐이던 대학은 현재 60개나 된다. 대학생 수도 50만 명에 달한다.

취학 전 5세부터의 1년간은 초등학교 학습을 위해 기본적인 능력을 길러 주는 유치원에 다닌다. 연필 쥐는 법이나 원 그리는 방법 등을 가르친다. 스페인어 특유의 R발음이 되지 않는 아이도 여기서 훈련받는다.

초등학교의 하루는 오전 7시 50분에 시작한다. 10분간의 조례 후 8시부터 수업을 시작하고, 오전 수업은 12시까지다. 두 시간에 걸쳐 주어지는 점심시간 동안 집으로 돌아가 식사를 하는 아이가 많다. 일하는 부모의 아이에게는 급식을 제공한다. 오후 수업은 2시부터 4시 20분까지다. 10년쯤 전부터 한 학급 정원을 20명으로 하고 있다. 여름방학은 7월 초에서 8월 말까지 2개월 가까이 된다. 느긋하게, 잘 공부하고 잘 놀 수 있는 환경이다. 물론 학원 따위는 없다.

그곳에서 좀 더 들어간 산간 지역에 병원이 있다. 입구에 "폴리크리니크policlinique"라 적힌 지역 종합검진소다. 이날은 토요일로, 의사 엘레나와 3명의 간호사가 당직을 하고 있었다. 가슴 부분이 패인 새빨간 상의에 가운을 걸친 화려한 차림의 그녀가 활기차게 맞아 주었다. 진료소 안으로 들어가니 응급 처치실과 치과 치료실, 약국 등이 있다. 안쪽 병실에는 임산부들이 입원 중이라 가족들이 병문안을 와 있다. 주차장에는 구급차 한 대가 대기 중이다. 바로 근처에 2층 건물의 작은 진료소가 있다. 패밀리닥터가 상주하며 24시간 365일 지역 주민의 건강을 보살핀다.

쿠바의 의료는 3단계 시스템으로 이뤄져 있다. 우선 지역 주민의 건강을 관리하는 패밀리닥터가 있다. 대략 120가구마다 한 군데의 진료소가 있고, 의사와 간호사가 1명씩 상주한다. 전국의 진료소는 1만1000개 이상으로 3만6000명의 패밀리닥터가 활동하고 있다. 그들은 예방 의료에 힘쓰며, 물 끓여 마시기와 손 씻기 등 건강을 지키기 위한 기본 사항을 평소 주민들에게 지도한다. 오전 중에는 진료소를 찾은 환자들을 치료하고, 오후에는 지역을 돌며 각 가정을 방문한다. 전문적인 분야는 산부인과의나 소셜워커가 거든다.

진료소가 감당하지 못하는 환자는 지역 종합병원으로 보내진다. 그 위에는 연구소가 있다. 그중에서도 아바나의 바이오테크놀로지 유전자공학연구소는 국제적으로 명성이 자자하다. 뎅기열이나 콜레라 등의 예방, 치료제 연구 개발을 하고 있다. 심장이식센터까지 갖췄다. 그밖에도 연구소가 많다. B형 간염 백신을 개발한 것으로 유명한 연구소도 있다. 당뇨병으로 세계적인 명성이 있는 인터페론 알파 2B도 쿠바에서 개발됐다. 쿠바에서 태어난 아이는 14가지 예방접종을 받는다. 그중 11가지가 쿠바에서 만들어진 약품이다. 비용도 무료다.

혁명 전에는 의사가 6000명 있었는데, 혁명이 일어나자 절반인 3000명이 미국으로 망명했다. 혁명정부가 맨 처음 한 일은 다섯 군데의 의과대학을 신설한 것이다. 지금은 23개교나 된다. 의료 전문가는 약 9만 명으로, 국민 120명당 한 사람에 달하는 의료대국이 되었다. 인구당 일본의 약 3배다. 유아 사망률은 선진국 수준이며, 미국보다도 낮다. 의료 면에서는 혁명 당시 목표 이상을 달성했다.

그러나 최근 혁명이 추구했던 '평등'이 붕괴됐다. 이전에는 국민의 99%가 공무원으로, 빈곤을 다 함께 나눴다. 국민 한 사람당 급료가 일본 엔으로 2000~3000엔 정도였다. 식료품과 생필품은 배급됐고, 의료와 교육이 무료이니 이 정도 급여만으로도 안심하고 생활할 수 있었다. 하지만 관광객이 미국 달러 등 외화를 쓰고 자영업이 확산하면서 격차가 발생했다. 관광객으로부터 흘러든 달러를 취급하는 택시기사나 팁을 받은 호텔 종업원 등의 수입이 의사나 대학교수를 아득하게 웃돌게 된 것이다.

시중에 나도는 달러를 흡수하기 위해 국내 통화인 페소와 외화 사이에 태환 페소라는 독특한 통화가 등장했다. 1달러는 1태환 페소다. 등장 당시에는 26페소에 상당했지만, 차차 페소화 가치가 상승해 지금은 24페소다. 시민들이 달러를 손에 넣으면 시중 환전소에서 태환 페소로 환전한다. 이렇게 해서 정부가 달러를 모은다. 시민은 태환 페소 전문 슈퍼마켓에서 다른 곳에서는 살 수 없는 수입품 등을 산다.

의사나 교수가 공무원을 그만두고 택시기사로 전직하는 일이 늘었다. 정부는 모은 돈으로 의사 등의 급여를 인상하려 했지만, 격차가 곧바로 줄어들 리 없었다. 국민들 사이에 불만이 고조됐다. 하지만 2011년 공산당대회가 '합리적 격차'를 인정하면서부터 오히려 상황이 진정됐다. 정부 방침은 무상의료와 무상교육을 유지하되 '모든 것의 평등'을

'법 아래서의 평등', '인권의 평등'으로 옮겨가려는 것이다. 결국 식량 배급도 폐지됐다. 생각하기에 따라 배급하지 않고 해결할 만큼 국민의 경제적 기반이 올라갔다고도 할 수 있다. 그렇더라도 평등과 격차는 양립하지 않는다. 어디까지 격차를 인정할 것인지가 앞으로의 난제다.

미국을 가지고 놀다

아바나 중심부에 혁명박물관이 있다. 현관 앞의 전차 한 대가 눈에 들어온다. 혁명 후 1년이 지난 1961년 반혁명 침공군 격퇴 당시 카스트로가 타고 진두지휘했던 것이 이 전차다. 미국이 쿠바와의 국교 단절을 선언한 해가 이때다.

미국 정부기관 중앙정보국CIA이 조직한 약 1500명의 망명 쿠바인이 무장하고 쿠바를 침공했다. 쿠바 앞바다에서 임전태세의 미군 함선이 대기했다. 극히 일부에 불과했지만, 쿠바 영토를 점령한 침공군은 임시정부를 수립하고 미국의 지원을 요청 중이었다. 이에 응하는 형태로 미군 부대가 뛰어들 계획이었다. 하지만 쿠바 측은 단 72시간 만에 침공군을 격퇴하고, 미군에 침공 구실을 주지 않았다.

쿠바는 미국에서 불과 160km 정도 떨어져 있다. 미군 폭격기가 미국 기지에서 이륙해 15분이면 쿠바를 공격할 수 있다. 그뿐만 아니라 쿠바 국내에 미군 관타나모 해군 기지가 있어 기지에서 한 걸음만 걸어 나오면 그대로 지상과 바다에서 침공이 가능하다. 그럼에도 미국은 쿠바를 침공하지 않았다. 베트남과 이라크까지 폭격했던 미국이 왜 바로 이웃에서 적대 중인 쿠바를 공격하지 않았던 걸까?

카스트로는 "만약 미군이 공격해 오면 무시무시한 전쟁이 벌어질 것이다. 전 쿠바 인민의 끝없는 저항에 직면할 테니까. 이 섬을 점령하는 데 수백 만 병력이 필요하다. 미국은 그런 병력이 없다"고 말했다. 쿠바인 전원이 단결하리라고는 생각하지 않지만, 확실히 호된 반격에 직면할 것이다.

미국은 무력 침공 대신 경제 봉쇄에 의한 물량 공세를 폈다. 1962년부터 수입 · 수출을 전면 금지했고, 그 뒤에도 경제 제재를 강화하는 두 개의 법을 제정했다. 정치적인 국교는 회복했지만, 경제면에서의 압박은 지금도 이어지고 있다. 그런 압력에도 불구하고 쿠바는 목숨을 부지했다. 자립을 관철시킨 배경에는 대국을 이용하는 만만찮은 전략이 있었다.

미국은 경제 제재와 동시에 쿠바와 무역을 했다. 놀라운 이야기지만 사실이다. 2001년 허리케인이 쿠바를 덮쳤을 때 부시 대통령은 쿠바에 식량 원조 의사를 밝혔다. 쿠바는 "경제 제재를 하는 나라로부터의 원조는 받지 않겠다"고 거절하면서도 "기왕 준비된 것이니 대가를 지불하겠다"고 말했다. 그리고 점점 박차가 가해졌다.

미국의 농산물업자들은 가까이에 거대한 공백의 시장이 있다는 걸 알고 몹시 기뻐했다. 처음에 나선 것은 북서부의 몬태나주다. 업자들뿐만 아니라 민주당, 공화당 의원들을 포함한 대표단이 쿠바를 방문해 밀과 쇠고기 등을 팔았다. 여기에 술렁인 것이 콩 · 옥수수 농사가 왕성한 일리노이주다. 업자들은 지역 정치가들에게 쿠바와의 관계 개선을 요구하며 영향력을 행사했다. 바로 그 일리노이 지역 상원의원을 거쳐 대통령이 된 것이 오바마다. 국교 회복 배경에는 '주의보다 실리'를 제일로 생각하는 미국 경제계의 마인드가 있다.

미국은 쿠바인들을 위해 특별한 조치를 취해 왔다. 쿠바인이 미국 영토로 들어가면 그대로 거주권을 얻는다. 경제 제재로 물자가 부족한 쿠바에서 물건이 넘치는 미국을 향해 망명하는 시민은 많다. 하지만 망명보다 훨씬 많은 것은 이 제도를 이용해 이주나 객지 벌이를 오는 사람들이다. 이런 사람들이 요사이 매년 3만8000명에 달한다. 그들의 송금이 쿠바 경제에 도움이 되고 있다.

미국에서 활약하고 싶어 하는 야구선수는 일본뿐 아니라 쿠바에도 있다. 미국에 망명해 메이저리거가 된 쿠바인이 수없이 많다. 그런 그들이 이따금 쿠바로 돌아가 아이들에게 야구를 가르친다. 물론 쿠바 정부의 공인하에서다. 쿠바 정부는 혁명 직후부터 "가는 자는 보내 주고, 오는 자는 막지 않는다"는 입장으로 일관한다. 이렇게 해서 망명자가 매년 돌아오고 있다. 즉 망명이라고 해도 실상은 객지 벌이에 나간 사람이 꽤 있다는 이야기다.

야구에 관해서는 쿠바 국내에서도 미국 메이저리그가 인기여서 미국에서 흘러들어오는 시합의 라디오 중계에 귀를 기울인다. 앞서 언급된 유기농업의 라라 일가도 열렬한 뉴욕양키즈 팬이다. 양키즈 모자를 쓰고 자택 벽에 양키즈 로고를 붙여 놓을 정도다. 마쓰이(마쓰이 히데키)의 팬이라고 한다. "미국과의 관계가 정상화돼서 저렴한 미국산 채소가 들어오면, 그대로 사놓았다가 비싸게 팔면 된다"면서 조금도 거침이 없다.

쿠바인의 쾌활한 성격은 미국인과 아주 닮았다. 쿠바인은 미국 정부는 싫어해도 미국인은 좋아한다. 이와는 대조적으로 러시아인과는 성격이 전혀 안 맞는다. 쿠바인은 러시아인을 "보라(공)"라고 부른다. 붙잡을 데가 없다, 즉 막연하다는 의미다. 특히 소련의 붕괴로 지원이 갑자기 중단된 후에는 노골적으로 비난했다. "인사를 하지 않고 재미도 없는, 문화도 교양도 없는 녀석들"이라는 나쁜 평가가 정착되어 있다.

소련이 붕괴한 1991년 카스트로 체제도 붕괴할 거라고들 했다. 당시 쿠바가 무역의 85%를 소련 · 동유럽에 의존했기 때문이다. 사실 국내총생산이 35%나 떨어졌다. 하지만 불과 1994년에 다시 흑자로 전환됐다. 상대를 유럽에서 중국으로 잽싸게 바꿨기 때문이다. 쿠바인은 러시아인과의 관계를 "엄마와 자식의 관계에서 대등한 파트너가 되었다"고 평한다. 한편 중국과의 관계는 그 이후에도 돈독해졌다. 수도에 넘치는 호화로운 관광객용 버스는 중국 위통Yutong의 것이다. 아바나공항에 가면 곳곳에 HSBC 마크다. 홍콩

상하이은행이다. 아바나 외항에 건설 중인 경제특구에도 중국 자본이 유입되고 있다.

쿠바는 마치 자립심 강한 여성 같은 느낌이다. 미국이라는 첫 배우자가 가정폭력을 휘두르니 즉각 혼인관계를 해소하고, 소련이라는 멋없는 사내가 경제적 지원을 빌미로 다가왔으나 마음을 주지 않았다. 확고한 삶의 방식을 관철하고, 시대에 맞는 기술과 자격을 몸에 익혀 경제적으로 자립했다. 작지만 그 존재감이 크고 늠름하다.

제3절

지방에서

헤밍웨이

아바나에서 차를 타고 동쪽 해안으로 향하다 보면, 불과 20분도 안 되어 샌프란시스코 디 파울라에 닿는다. 흰 벽의 저택이 서 있다. 노벨문학상을 수상한 미국 작가 어니스트 헤밍웨이가 살던 집이 그대로 헤밍웨이 박물관이 되었다. 건물 안에는 들어갈 수 없고, 밖을 돌며 열린 창을 통해 내부를 볼 수 있었다. 주변은 해외에서 온 관광객들로 붐벼 창가에 다가가기조차 쉽지 않았다. 그랬던 것이 최근 관광객이 늘어남에 따라 박물관 내부로 입장할 수 있게 되었다.

현관으로 들어가면 좁고 긴 거실이다. 소파와 테이블이

놓여 있고, 벽에는 아프리카 수렵에서 잡은 영양이나 버팔로 등의 박제가 장식되어 있다. 스페인의 투우 포스터나 유화 등도 눈에 띈다. 그 앞은 침실이다. 커다란 더블베드가 있고, 벽 쪽 책장에는 두꺼운 신사록 위에 검정색 타자기가 놓여 있다. 헤밍웨이는 무릎이 좋지 않아 선 채로 타자기로 작품을 썼다. 그러다 피로해지면 곁에 놓아 둔 침대에 누웠다. 그가 이 집에 살기 시작한 것은 제2차 세계대전 중인 1939년부터다. 이 타자기를 사용해 처음 쓴 글이 『누구를 위하여 종은 울리나』다.

더 안쪽으로 들어가면 서재가 있다. 박제한 물소 목이 걸린 벽을 앞에 두고 3m 너비의 책상이 있다. 그 위에는 종군기자증, 훈장, 총탄, 열쇠, 사진이 있다. 독일 출신 여배우 마를레네 디트리히의 브로마이드다. 두 사람은 1934년 유럽에서 미국으로 향하는 배에서 만났다. 어떤 방에 가더라도 책장에 책이 잔뜩 꽂혀 있다. 화장실에조차 3단짜리 책장이 있다. 모든 책을 합치면 9000권 정도라고 한다.

이제는 내부를 볼 수 없어 유감이지만, 역시 쿠바이기에 융통성이 있다. 안을 지키는 여성이 내 카메라를 가리키며 윙크한다. 자기가 대신 사진을 찍어 주겠다는 의미다. 카메라를 넘기자 5~6매 정도 이곳저곳을 찍는다. 손에 익은 솜씨다. 물론 팁은 지불한다. 1달러를 건네니 키스하는 제스처를 취하며 기뻐한다.

집 뒤뜰에는 요트가 놓여 있다. 낚시용 쾌속정이다. 헤밍웨이는 이 배를 타고 먼 바다에서 낚시를 즐겼다. 선장은 그레고리오라는 이름으로, 아프리카해 카나리아제도 태생이다. 이미 30년도 더 전인 1986년에 나는 그를 만났다. 이곳에서 가까운 어촌 코히마르에 있는 헤밍웨이의 단골 레스토랑 라 테라사에서다. 그레고리오 할아버지는 왼손으로 시가를 피우면서 오른손에 든 럼주를 마셨다.

헤밍웨이가 1952년 쿠바 서쪽 멕시코만을 요트로 항해할 때 노 젓는 배에 탄 나이든 어부가 거대한 물고기를 잡으려는 것을 목격했다. 헤밍웨이가 "도와주겠소!"라고 소리치자, 어부는 "혼자 할 수 있어. 방해되니 저리 비키게"라며 거부했다. 이때의 체험을 소재로 그레고리오 할아버지의 일상을 쓴 것이 『노인과 바다』다.

그레고리오 할아버지는 헤밍웨이를 "파파"라고 불렀다. 할아버지는 "파파는 다른 미국인과 달랐어. 미국 이야기가 나와서 말인데, 무슨 권리로 세계를 지배하느냔 말이야. 나

가사키, 히로시마에 원폭을 떨어뜨리고, 지금도 미국은 병들어 있잖아"라고 말했다. 열심히 피우는 시가를 응시하자 "파파는 럼주는 마셨지만, 담배는 피우지 않았지. 나는 시가도 럼주도 좋아해. 이게 인생 아닌가"라며 웃는다.

그레고리오 할아버지는 2002년 104세 나이로 타계했다. 이번에 라 테라사에 가 보니 벽에 그의 초상화가 걸려 있다. 그가 쓴 푸른 모자에 "CAPITÁN(선장)"이라는 글자가 박혀 있다. 자리에 앉으니 원드링크 서비스로 쿠바의 명물 칵테일 다이키리가 나왔다. 보통의 다이키리는 투명하지만, 내게 제공된 것은 또렷한 캐리비안블루 빛이다. 그것의 이름이 '돈 그레고리오'다. '돈'은 '돈 키호테'와 마찬가지로 남성에게 붙이는 스페인어의 존칭이다. 칵테일을 마셔 보니 알코올 도수가 꽤 높아서 몸이 더워졌다.

다이키리를 마시면서 파에야를 먹는데, 3인조 밴드가 옆에 와 연주를 했다. 악기는 기타와 베이스, 곡은 "카피탄의 노래"다. 그레고리오 할아버지에게 바치는 곡이다. 멍하니 듣고 있으니 시원한 바닷바람이 럼주로 달아오른 뺨을 어루만진다.

레스토랑 한구석 테이블에는 사람들 출입을 통제하기

위한 것으로 보이는 로프가 쳐져 있다. 헤밍웨이의 지정석이다. 곁에는 헤밍웨이의 얼굴과 물고기를 본뜬 상이 놓여 있다. 그의 이름을 붙인 헤밍웨이 낚시대회 우승자에게 주어지는 트로피다. 벽에는 우승컵 모양의 트로피를 앞에 놓고 카스트로와 헤밍웨이가 나란히 찍은 사진이 걸려 있다. 혁명으로부터 1년 반이 지난 1960년 개최된 헤밍웨이 낚시대회에서 우승한 것이 카스트로다.

항구 쪽으로 걸어가니 스페인 식민지 시대의 요새가 서 있다. 옆 공원에 헤밍웨이 동상이 있다. 1961년에 엽총 자살로 타계한 문호를 그리워하며 마을 사람들이 기금을 모아 세웠다. 곁에서 나이든 남성이 기타를 치고 있다.

세계유산의 거리

아바나의 구시가지 돌바닥에는 옛 스페인 식민지풍 석조 건축물이 늘어서 있다. 그것도 좋지만, 지방 마을에 가면 거리 자체가 200년 전으로 타임 슬립한 것 같은 분위기가 느껴진다.

아바나에서 남동쪽으로 3시간 반을 차로 달리면 시엔푸

에고스다. 스페인 식민지였던 쿠바에서는 드물게 프랑스 이민자들이 건설한 마을이다. 중심부 광장에 면해 극장과 석조 건물이 우뚝 솟아 있다. 어떻게 봐도 프랑스풍이다. 거리는 "남쪽의 진주"라 불리며, 구시가지가 유네스코 세계유산에 등록되어 있다. 쿠바에서 가장 청결한 거리라고도 불린다. 그러고 보니 확실히 어디에도 쓰레기가 보이지 않았다. 스페인에서 온 지배자들은 멋대로 풍경을 망쳐 놓았지만, 프랑스에서 온 이민자들은 최대한 깔끔하게 사용하려 노력하다 그것이 관습으로 자리 잡은 것이리라.

광장 벤치에서 시민들이 유유자적한다. 젊은이들은 스마트폰으로 대화하고, 노인들은 양산을 받쳐 들고 여유를 즐긴다. 정정해 보이는 할아버지가 기타를 치며 노래를 부른다. 납작한 돌이 깔린 거리 양쪽의 건물은 흰 벽으로 통일되어 있다. 파인애플을 파는 손수레 주변에 사람들이 모여 있다.

여기서 다시 동쪽으로 2시간을 달려 쿠바의 남부 카리브해에 닿았다. 관광을 나라의 주산업으로 하려는 정부 계획에 따라 해변에는 새로운 리조트 호텔이 건설 중이다. 오래전 이곳 근처에 소련의 원조로 원자력발전소를 지으려 했지만, 소련 붕괴로 계획이 중단됐다. 원전에서 리조트 개발로 전환하는 것이 정답이었던 것으로 보인다.

세계적으로 유명한 해안 바라데로는 북쪽으로 멕시코만에 면해 있다. 일대는 관광 개발이 진행되고 있지만, 카리브해 쪽은 이제부터다. 바다 풍경은 카리브해 쪽이 더 아름답다. 모래사장 너머로 새파란 바다가 수평선까지 펼쳐진다. 바짓단을 걷어 올리고 바다로 들어가자 불과 2~3m 앞에서 무릎이 잠겼다. 수영복을 입은 사람을 보니 해안에서 약 10m 앞 수심은 가슴까지였다. 해수욕장으로서는 최적의 장소다.

일찍 일어나 아직 어두울 무렵 해변에 나가 보니 동쪽 하늘에 돌연 붉은 선 하나가 나타났다. 아침노을이다. 낮게 깔린 무거운 구름과 검푸른 바다 사이에 붉은 빛이 순식간에 퍼져간다. 야자수가 검은 실루엣이 되어 떠올랐다. "가을 해는 우물에 두레박 떨어지듯"이라고 했던가? 열대의 새벽은 빈 두레박을 끌어올리듯 빠르다. 순식간에 주변이 빛으로 가득차고, 으스스 추웠던 이른 아침 공기가 이내 더워졌다.

여기서 내륙으로 들어가면 트리니다드라는 고도古都다.

*
지방에서는 지금도 마차가 자동차 역할을 한다.
=2106년 1월, 트리니다드

일본으로 치면 교토에 해당하며, 식민지 시대에는 노예 매매의 중심지였다. 18세기 거리 풍경이 그대로 남아 있어 유네스코 세계유산에 등록됐다.

거리에 들어서니 발밑에 납작한 돌이 깔려 있다. 양쪽으로 늘어선 단층집들은 옅은 핑크나 녹갈색의 파스텔톤 컬러로 칠해져 있다. 창문에는 흰색 쇠창살이 끼워져 어떻게 보더라도 오래전 식민지 시대 건축이다.

달그락 달그락 소리가 들리며 마차가 길 위를 가로질러

왔다. 카우보이모자를 쓴 할아버지가 짐받이에 앉아 손 그물을 잡고 있다. 그 뒤로 백마가 짐받이를 끈다. 작업복을 입은 두 사내가 마차에 타고, 짐받이에는 곡물을 넣은 자루가 놓여 있다. 짐받이 없이 좌석뿐인 마차도 있다. 화물 운반뿐 아니라 승용차나 택시 역할도 하는 것이다.

거리 중심부에는 공원으로 이용하는 광장이 있는데, 교회나 대저택 등 스페인풍 건축으로 둘러싸여 있다. 조각 모양이 석류나무를 묘사한다. 스페인 남부 그라나다의 것과 같다. 16세기에 이곳으로 온 스페인인들이 자신들의 고향을 기리기 위해 놓아 둔 것이리라.

이 거리는 자수가 유명해서 이곳저곳에 가게가 있다. 테이블클로스나 테이블센터 등으로 쓰는 흰 천에 자수 레이스가 달려 있다. 그중 한 가게를 들여다보니 재봉틀 앞에서 초등학생 정도로 보이는 여자아이가 가게를 지키고 있다. 이쪽을 보더니 생긋 미소를 짓는다.

거리에서 밖으로 나가자 레일이 깔려 있고, 그 위로 기차가 달려온다. 객차 3량짜리 디젤기관차다. 선로 앞에 플랫폼이 있고, 작은 역사가 있다. 창구 위 벽에 요금표가 붙어 있는데, 어른과 어린이 요금이 같다. 이웃 역까지 0.4페소,

일본 엔으로 2엔이다.

차체에 갈색과 황색이 칠해진 기관차에는 "인헤니오스 계곡"이라 적혀 있다. 인헤니오스란 스페인어로 설탕공장을 말한다. 이 일대는 18세기부터 19세기에 걸쳐 사탕수수밭과 설탕공장이 산재한 설탕산업의 중심지였다. 당시는 사탕수수밭에서 일하는 3만 명의 노예가 있었던 까닭에 노예무역의 중심지이기도 했다. 이 노선은 원래 수확한 사탕수수를 나르기 위한 것이다.

살짝 높은 언덕에 7층탑이 서 있다. 노예가 도망가지 않는지 지켜보기 위한 감시탑이다. 높이 45m로, 당시 쿠바에서 가장 높은 건축물이었다. 탑 아래 놓아 둔 종은 전성기에는 탑 위에서 울리며 노예들의 하루 노동의 끝을 알려 줬다.

옛날에 사탕수수밭이던 이 일대에 이제 사탕수수는 거의 보이지 않고, 망고, 바나나 등의 과수원이 되었다. 옛 모습과는 달라졌지만, 일본에서는 불과 10년 만에 바뀌는 경치가 쿠바에서는 100년에 걸쳐 천천히 변화한다. 공기의 흐름도 편안하고 여유롭다.

제4절

쿠바는 이제부터

암행어사 카스트로

쿠바혁명의 영웅, 피델 카스트로 전 국가평의회 의장이 2016년 11월 25일 90세로 타계했다. 중국의 마오쩌둥이나 베트남의 호치민, 유고슬라비아의 티토 등 20세기의 이름난 혁명가 중 한 사람, 21세기까지 살아남아 있던 거장의 죽음이었다. 숨을 거두던 날은 마침 60년 전 혁명 실현을 위해 멕시코에서 요트를 타고 쿠바로 출발한 날이다.

나는 카스트로를 가까이에서 만난 적이 세 차례 있다. 1998년 쿠바를 방문했을 당시 동부 카마궤이 시 교외에 건설 중이던 낙농마을을 취재했다. 공민관이나 아파트 등을 세우기 위해 노동자들이 곡괭이질을 하고 있었다. 그들의 이야기를 듣고 있는데, 돌연 지프가 5~6대 줄을 지어 나타났다. 그중 두 번째 지프에 카스트로가 타고 있었다. 현장 시찰을 하러 온 것이다.

노동자들이 곡괭이를 내던지고 카스트로 쪽으로 뛰어갔다. 지프에서 내린 카스트로가 모여든 노동자들의 어깨를 토닥토닥 두드리며 "수고들 하신다"고 격려했다. 노동자들도 "와! 와!" 환호하며 카스트로를 둘러싸고 그의 어깨를 두드리며 "잘 오셨다"고 인사했다. 카스트로는 노동자들과 어깨동무를 하고 걸었다. "앞으로 얼마나 걸릴 것 같아요?" 라고 묻고 대답을 듣더니 "네? 그랬어요? 그렇구나" 하며 고개를 끄덕였다. 그러다 야구장에 도착하자 "아, 여기서 야구를 하는 거예요? 너무 작아서 소프트볼 정도밖에 안되겠는데요?"라고 말했다.

노동자들이 충분한 노동조건 아래 일하는지에 대해서도 관심을 표하면서 "주택 넓이는 충분하냐?" 등을 연이어 질문했다. 이때 카우보이모자를 쓴 사내가 다가와 "코만단테(사령관)"라 부르며 말을 걸었다. "당신 덕분에 이렇게 잘 되어가고 있어요. 혁명의 성과입니다"라고 하자 카스트로가 장난기 가득한 웃음을 지으며 "사령관이 내가 아니었다면 더 잘 됐을지도 모르죠"라고 답했다. 모두 웃음을 터뜨렸다.

카스트로 옆에 찰싹 붙어 걸었다. 얼굴에는 불그스레하게 미세혈관이 그물처럼 도드라져 있다. 과도하게 음주했을 경우 나타나는 간 기능 저하 현상이다. 커다란 입을 벌리면 충치 치료 흔적이 도드라져 보였지만, 그 외에는 건강해 보였다. 당시 그는 62세였지만, 흰 피부가 반들반들했다. 황새걸음으로 걸으며 말할 때는 양손을 뒤로 돌리고 왼쪽 엄지를 바쁘게 움직이며 쉴 새 없이 농담을 던졌다. 왼쪽 손목에 찬 검은 전자시계는 저렴한 카시오 제품이었다.

이렇게 카스트로는 제대로 전국을 시찰하며 돌아다녔다. 공장과 농촌은 물론 중학교에 예고 없이 찾아가 수업 중인 학생들과 함께 농구를 했다. 스스로 현장을 돌아보며 지역 주민과 살갑게 접했다. 문제가 있으면 그 자리에서 듣고 부하에게 메모하게 해서 해결할 것은 그 자리에서 지시했다. 영락없는 '쿠바의 암행어사'였다.

시장 취재 도중 장바구니를 든 노인에게 말을 걸자 그는 온 가족이 카스트로와 함께 찍은 사진을 꺼내 보였다. 1961

*

공항에서 베트남 정부 대표를 배웅하는 카스트로.
=2004년 3월, 아바나 국제공항

년 카스트로가 불쑥 자신의 잡화점을 방문해 함께 식사했다고 한다. 카스트로의 꾸밈없는 인품에 반한 그는 이후 이 사진을 몸에서 떼어 놓지 않았다. 이런 식이었으니 쿠바 곳곳에서 카스트로를 흠모하는 사람을 만날 수밖에 없다.

영웅인가 독재자인가

미국이나 일본 언론은 종종 카스트로를 "독재자"라 칭하며, 쿠바를 "암흑사회"라 부른다. 하지만 실제로 쿠바를 방문해 카스트로를 접하면 전혀 다른 인상을 받는다. 쿠바를 여행한 일본인 대다수가 '밝은 사회'에 놀라고, 아바나에 부임한 일본 대사 가운데 귀국 후 카스트로에 대해 호의적인 책을 출판한 사람이 여럿이다.

카스트로가 국민을 대할 때는 그야말로 '형님' 같다. 독재자라면 그렇지 않을 것이다. 지도자가 현지 시찰을 하면 북한이나 중국, 아니 일본이라도 시민들이 정렬해서 맞이한다. 하지만 사람들은 카스트로를 마치 늘 보던 내부인처럼 취급했다. 쿠바 시민은 딱딱한 자리에서는 카스트로를 "사령관"이라 부르지만, "피델"이라 부르는 경우가 압도적으로 많다. '각하'도 '수령님'도 아닌 국민이 친근감을 담아 경칭 없이 이름을 부르는 '독재자'가 있었던가? 독재자라는 말에는 공포심이 따라붙지만, 적어도 쿠바 국민 대부분은 카스트로를 무서워하는 게 아니라 흠모했다.

독재자라는 비난에 대해 카스트로 자신은 답한다. "내가 혼자서 결정하는 일은 없다. 중요한 결정은 늘 집단적으로 분석해 내린다. 지도부는 항상 집단으로 일해 왔다." 집단 체제이므로 독재가 아니라는 것이다. 그리고 자신이 독재자라면 로마 교황도 독재자라고 주장한다. 나아가 "쿠바식 직접민주주의"라는 말도 썼다. 그 자신이 국민을 직접 접하고 정치에 반영한다는 생각이 이 말로 표현된다. 카스트로는 구미歐美나 일본처럼 의원을 선출하는 간접민주주의 쪽이 실제로는 국민의 의사와 동떨어져 있다고 주장한다. 확실히 일본의 국회의원을 보면 그 말이 수긍된다.

카스트로의 후계자가 동생 라울인 것을 가리켜 미국 언론은 쿠바를 북한과 같은 세습 체제라 비판했지만, 너무나 편향적인 시선이다. 라울이 동생이라서 후계자가 된 것이 아니다. 그는 쿠바혁명의 단초가 된 몬카다 병영 습격의 멤버였다. 혁명전쟁 중 산에 들어가 싸운 최초의 게릴라전 전사 12명 중 하나이기도 하다. 당초부터 고참 혁명가로, 지금도 살아남아 실제로 정권의 중추에서 정치를 파악한 사람은 카스트로 외에는 라울뿐이다. 쿠바 사정을 생각하면 지극히 당연한 인사다. 독재자는 보통 자식을 후계자로 삼지만, 카스트로의 자식들은 과학자나 의사다. 그런 점에서 북한의 독재자, 미국의 부시 가문이나 아베가의 사람들에게 '세습'이라는 말이 훨씬 어울린다.

물론 사회주의를 견지하는 쿠바의 정치 체제가 세계의 민주주의 원칙과 거리가 있는 것은 사실이다. 원래 공산당의 일당지배 체제고, 선거가 치러져도 실질적으로는 신임투표와 같다. 언론도 정부계밖에 없다. 정부에 반대하면 정치범으로 체포된다. 정치범이 존재하는 것 자체가 민주주의에 반한다.

하지만 구소련이나 중국과 달리 쿠바에서는 정치범을 쉽게 만나 인터뷰할 수 있다. 나는 쿠바의 유명한 정치범 세 사람의 자택에서 인터뷰하며 카스트로의 험담을 듣고 신문에 썼지만, 쿠바 정부로부터 책망받은 일은 한 번도 없다. 구소련이나 중국에서는 외국 기자가 취재하러 가면 비밀경찰의 동행이나 미행이 당연하지만, 쿠바에서는 그런

일이 전혀 없다. 이런 사실을 열거할 수 있다는 것만으로도 카스트로가 '독재자'가 아니며, 쿠바가 '독재 국가'도 아님을 알 수 있다.

쿠바에는 다른 '사회주의 국가'와 눈에 띄게 다른 점이 한 가지 있다. 소련도 중국도, 물론 북한도 광장에 지도자 동상이 서 있거나 초상화가 걸려 있다. 그것은 필연적으로 개인숭배와 독재로 이어졌다. 쿠바인은 이를 피하기 위해 혁명 영웅이라도 살아 있는 한 동상은 물론 초상화조차 내놓지 않는다. 그래서 게바라의 초상화는 거리에서 볼 수 있어도 카스트로의 초상화는 없었다.

사회주의에서 사회정의로

사망 이후 피델 카스트로의 유해는 화장됐다. 사회주의를 내건 나라에서는 역사적 지도자가 사망하면 유해를 가공해 영구적으로 보존하는 경향이 많지만, 카스트로는 그렇게 하지 말고 화장해 달라는 말을 남겼다. 자신이 신격화되는 것을 피하기 위해서다. 나아가 공공장소나 기념비 등에 자기 이름을 붙이지 않도록 유언했다. 개인숭배를 하지 않도록 한다는 신념을 사후까지 관철한 것이다.

카스트로의 유해는 상자에 담겨 쿠바 동부 산티아고 데 쿠바 묘지에 매장됐다. 쿠바혁명의 사상적 지도자 호세 마르티의 묘 바로 옆이다. 높이 3m의 반구체 묘석 중앙을 파고 2016년 12월 4일 동생 라울이 유해 상자를 넣었다. 명판에는 그저 이름인 "FIDEL"만을 기록했다. 국민들이 친근감을 담아 부르던 이름이다.

산티아고 데 쿠바는 쿠바혁명의 발단이 된 곳이다. 카스트로가 최초로 무장봉기를 일으켜 습격한 곳이 이 지역에 있던 몬카다 병영이다. 1953년 7월 26일, 이 날이 혁명기념일이다. 습격에 실패해 체포된 카스트로는 법정에서 "역사가 나를 무죄로 하리라"는 명언을 남겼다. 습격을 감행한 해는 호세 마르티의 탄생 100주년에 해당한다. 붙잡힐 당시 반란의 주모자가 누구냐는 질문을 받은 카스트로는 "호세 마르티다!"라고 답했다. 마르티의 유지를 잇는 혁명이라고 생각해서다. 카스트로는 늘 "나는 마르티주의자"라고 말할 정도로 마르티에 심취해 있었다. 카스트로는 마르크스주의자이기 이전에 마르티주의자였다.

쿠바혁명당을 창립한 마르티는 시인이자 철학자다. 스

페인 식민주의에 맞서 싸운 영웅으로, 쿠바뿐 아니라 중남미 전역에서 존경받는다. 그는 인간이 본래 자유로우며, 사회적 차별과 압제를 없애야 한다고 주장했다. "인간은 누구라도 타인의 고통을 공감해야 하며, 단 한 명이라도 불행한 사람이 있다면 우리는 인간이 아니다"라고 역설했다. 카스트로는 그를 스승으로 추앙했다.

복역을 마치고 국외로 추방된 카스트로는 다시 무장을 정비하고, 멕시코에서 요트로 쿠바를 침공했다. 또한 그로부터 2년여 만에 독재 정권의 군대를 무찔렀다. 국민의 지지가 있었기에 짧은 기간에 혁명이 성공한 것이다. 카스트로는 마르티 사상에 따라 혁명을 진행했다. 평등이라는 취지에서 누구나 교육받을 수 있고, 가난하더라도 의사에게 갈 수 있도록 진력했다. 농지 개혁을 실행해 모든 농민이 자신의 토지를 가질 수 있도록 했다.

그러나 미국 기업 소유의 토지까지 접수하는 바람에 미국 정부와 대립했다. 이와 연동해서 소련이 개입했고, 쿠바에 대한 경제 지원이 이뤄진 것이다. 쿠바는 냉전 구조에 편입되어 하는 수 없이 '소련식 사회주의'를 채용했다.

하지만 마르티의 발상을 통해서도 알 수 있듯이 본래 카스트로가 추구한 것은 사회주의라기보다 사회정의다. 당초 소련의 영향이 강했고 미국과의 실질적 전쟁 상태에 대응이 필요해 사회주의 일당독재를 구축했으나, 쾌활하고 느슨한 라틴 문화에 바탕을 둔 쿠바에 통제경제는 어울리지 않았다. 1991년 소련 붕괴로 경제위기에 빠졌지만, 끝내 이를 자립의 기회로 역이용했다.

미국은 쿠바를 고사시키기 위해 혹독한 경제 제재를 쉴 새 없이 발동했다. 그것이 오늘날까지 쿠바 경제를 침체시키는 병인이 되고 있다. 미국의 제재는 타국에게 쿠바와의 무역을 금지시키는 내용이다. 예컨대 일본 자동차가 쿠바에서 수입한 니켈을 사용하면, 미국은 일본의 자동차 수입을 거부한다. 그러니까 미국과 무역관계가 있는 기업은 쿠바 산물을 사지 않는다. 쿠바가 실질적으로 어느 나라와도 무역할 수 없게 되는 교활한 구도를 짠 것이다.

2000년대에 들어와 쿠바는 산업 구조를 개혁했다. 설탕이 세계적으로 팔리지 않자 설탕공장의 절반 정도를 폐쇄하고, 산업의 주축을 관광으로 옮겼다. 그러나 순식간에 밀려든 관광객의 달러가 민간에 돌아다녔다. 달러를 일상적으로 손에 넣는 택시기사나 호텔 종업원 등이 대학교수나

의사보다도 부자가 됐다. 달러를 가진 사람과 그렇지 않은 사람의 격차가 벌어져 사회가 불평등해졌다. 혁명이 지향한 기본 원칙이 붕괴한 것이다.

카스트로는 2005년 "혁명은 스스로 무너질 수 있다. 무너뜨리는 것은 다름 아닌 우리 자신이다"라고 경고했다. 그러면서 "마르크스나 레닌의 이론은 당시 조건하에서 성립한 것으로, 보편화할 수 없다. 중요한 것은 인간의 목숨이다. 젊은이들이 새로운 사회주의를 추구하기 바란다"고 말했다.

그 즈음 남미 베네수엘라의 차베스 정권이나 볼리비아의 모랄레스 정권 등 좌파 정권이 탄생해 쿠바는 중남미에서의 고립으로부터 벗어나 경제적으로 윤택해졌다. 베네수엘라에 의사를 대량으로 파견하는 대신 석유를 싸게 제공받았다. 그러나 2013년 차베스가 서거하자 베네수엘라의 좌파 정권도 위험에 빠졌다. 석유 유입도 중단되어 쿠바는 다시 괴로운 처지에 놓이게 되었다.

이 와중에 피델의 뒤를 잇는 동생 라울 카스트로 정권이 무척 대담한 개혁을 실행 중이다. 즉 '큰 정부'의 축소다. 국민의 99%가 공무원이었던 상태에서 자영업을 늘림으로써 경제 활성화를 노리고 있다. 411만 명의 공무원 가운데 150만 명이 과잉이었던 것으로 어림되어, 그만큼의 노동자를 민간으로 돌리고 있다. 국영기업은 필요한 것만 남기고 경공업 등은 민영화할 방침이다. 중국이나 베트남처럼 시장경제가 도입된다. 새로운 콘셉트는 '지속가능한 사회주의'다. 정부는 이미 전 국민의 생활을 보장할 수 없다고 단언했다. 앞으로는 가난한 사람이나 사회적 약자에 집중하는 복지 정책으로 전환한다. '국영의 사회주의'에서 '공공의 사회주의' 전환이라 할 수 있다.

라울 자신은 2018년 퇴진한다고 단언했다. 여기서부터는 문자 그대로 "카스트로 이후"가 될 것이다. 이미 정부나 당의 요직은 50대 후계자가 실무를 담당하고 있으니, 세대 교체가 원활하게 진행 중일 것이다. 카스트로 형제가 사라진다고 해도 쿠바혁명의 정신이 바로 사라지지는 않는다.

미국은 향후 관계 개선을 앞두고 쿠바의 일당지배에 변화를 압박하고 있지만, 쿠바 입장에서는 미국이 적대 정책을 계속하며 CIA 등이 쿠바 체제 붕괴를 획책하는 한 일당지배로 단결해 대항하지 않을 수 없다. 미국에서는 2017년 트럼프 정권이 탄생했다. 오바마 정권이 완화한 쿠바 제재를 이전 단계로 되돌리려 해서 양국의 대립이 다시 이어지고 있다.

미국과 소련이라는 양대 초강대국을 상대로 반세기 이상 대등하게 부딪쳐 온 만큼 카스트로 이후에도 쿠바는 간단히 흔들리지 않을 것이다. 글로벌리즘이 확산되는 지금 세계 많은 나라가 약자를 내동댕이치고 사회적 격차를 확대하는 미국식 신자유주의를 채용한다. 한편 쿠바는 완전한 형태의 사회주의를 포기하면서도 약자를 구하기 위한 자세에는 변함이 없다.

미국 트럼프 대통령에게 일본 아베 총리가 바짝 달라붙어 있는 모습이 구미 언론으로부터 '아첨 외교'라는 야유를 받았다. 이에 비해 소국임에도 자립을 관철하는 쿠바의 자세는 너무도 늠름해 보인다. 사회주의에서 사회정의로 바뀐 기조를 정면에 내세우는 쿠바는 어떤 길을 걸어가게 될까? 앞으로가 기대된다.

Ⅲ장

실크로드의 중심, 우즈베키스탄: 소련 이후의 중앙아시아

제1절

앎의 공백지대

문명의 교차로

실크로드에 가기로 결심했다. 벽화로 유명한 둔황敦煌이나 중국의 위구르 자치구가 아니다. 목적지로 잡은 곳은 유라시아대륙 깊숙이 자리 잡은 중앙아시아다. 고대 일본에 문화를 전파한 원류가 여기에 있다. 과거의 노스탤지어에 잠기고 싶지는 않다. 소련 붕괴 이후 이 지역이 현재 어떻게 됐는지는 거의 알려져 있지 않다. 그 옛 문화의 뿌리를 탐구함과 동시에 현대 정치의 앎의 공백을 메우는 여행을 떠나 보자.

중국이 당나라였던 시대 실크로드는 수도인 장안, 즉 지금의 시안과 지중해 연안 도시 안티오키아까지 약 7000*km*, 나아가 로마까지 약 9000*km*를 연결했다. 그 중심에 위치한 것이 소그디아나다. 소그드인이 사는 땅이라는 의미다.

그 중심이 오아시스 도시 사마르칸트다. 지금은 구소련으로부터 독립한 우즈베키스탄의 고도다. 동서 무역의 중심일 뿐만 아니라 북쪽 시베리아와 남쪽 인도를 연결하는 남북의 연결점이기도 하다. 다시 말해 유라시아대륙 문명의 십자로다.

10세기의 중국의 고서 『당회요唐會要』에는 사마르칸트 사람들이 아기가 태어나면 입에 꿀을 머금게 하고 손에 아교를 쥐여 줬다고 기록되어 있다. 달콤한 말을 하고 돈을 손에서 놓지 말라는 의도에서다. 어린 시절부터 상도를 주입받은 그들은 "이익이 된다면 가지 못할 곳이 없다"고 할 만큼 낙타 등에 짐을 싣고 끝없는 사막을 건너 국제 무역의 중계자가 되었다.

소그드인들은 중국에서 호인胡人이라 불렸다. 호인은 중국산 비단을 서쪽으로 가져가는 한편, 서쪽의 특산물을 동쪽으로 가져왔다. 이는 이름에 한자 '호'가 붙는 것을 떠올리면 알 수 있다. 깨(胡麻), 오이(胡瓜), 후추(胡椒), 호두(胡

桃)도 친숙하지만, 호두(胡豆)는 잠두, 호산(胡蒜)은 마늘을 의미한다. 호나복(胡蘿蔔)은 당근이다. 우즈베키스탄의 명물 요리 플로프는 필라프이며, 볶음밥 위에 채를 친 당근이 산처럼 올라간다.

우리가 먹는 오이나 깨도 아스카飛鳥 시대[*]에 시작된 견수사遣隋使[**], 나아가 나라 · 헤이안平安 시대까지 이어진 견당사에 의해 중국에서 일본으로 전해졌다. 양 무릎을 벌리는 호인의 앉은 자세 호좌는 현대 일본인에게도 지극히 평범한 습관이 되었다. 나라의 쇼소인에 바쳐진 보물 중에는 와인 잔을 연상시키는 남빛의 잔, 낙타 모양을 딴 비파, 활 모양으로 굽은 뿔을 가진 양을 그린 병풍 등이 있다. 모두가 사마르칸트에서 실크로드를 따라 중국과 한반도를 거쳐 일본에 온 것이다.

---

[*] [역주] 6세기 후반에서 7세기 중엽까지의 시대.

[**] [역주] 아스카 시대 중국 수나라로 파견한 사절.

가장 잔혹한 독재자

중앙아시아에는 우즈베키스탄 외에도 카자흐스탄이나 아프가니스탄 등 국명에 "스탄"이 붙는 나라가 많다. "스탄"은 페르시아어로, "~의 땅"을 의미한다. 즉 우즈베키스탄은 우즈베크인의 땅이라는 뜻이다. 현대의 실크로드를 살아가는 우즈베크인이란 어떤 사람들일까?

1991년 소련이 붕괴하고 4반세기가 지났다. 소련에서 떨어져 나온 러시아나 우크라이나 등 유럽에 가까운 나라들은 이래저래 화제가 됐으나 중앙아시아 나라들에 대해서는 거의 알려져 있지 않다. 과거의 역사는 책으로 읽어 알지만, 현재 사회는 모르는 역전현상이다.

우즈베키스탄은 소련이 붕괴함으로써 좋든 싫든 돌연 독립하게 되었다. 강권 체제가 그대로 이어져 독립 전부터 정권을 장악한 이슬람 카리모프 대통령이 26년간이나 정권을 쥐었다. 반대파를 용서 없이 탄압했기에 구미 언론은 그를 "가장 잔혹한 독재자"라고 부른다.

도쿄에 IT회사를 설립한 우즈베키스탄 여성에게 이야기를 듣고, 일본 대학 교수인 우즈베크인의 책을 읽었다. 자료에는 이 나라가 야당이 허용되지 않는 독재 국가로, 경찰관이 나무보다 많고, 최근까지 이슬람 원리주의 테러가 몇 번이나 일어나 대통령이 암살되기 직전까지 갔다고 적혀 있다.

여행 절차를 알아보니 입국할 때 지갑에 든 액수와 들여오는 전기제품을 정확하게 신고해야 한단다. 꽤 까다로워 보였다. 방문을 계획한 9월의 기온은 40도였다. 주 우즈베키스탄 일본 대사관이 발행한 '안전 안내'에는 이 나라의 위험성을 13페이지에 걸쳐 강조하며 긴급 탈출 안내까지 게재해 놓았다. 성가시고 위험한 나라라는 인상이다.

그래도 실크로드의 중심지를 보고 싶다는 유혹을 떨치기 힘들었다. 출발 전 실크로드의 역사와 쇼소인의 문물, 중앙아시아 민족과 현대 모습 등 총 103권의 책을 독파했다. 우즈베키스탄 다음에는 카자흐스탄에 갈 계획도 세웠다. 그러나 직전이 되어 예정일에 우즈베키스탄에 입국할 수 없음을 알게 되었다. 9월 1일이 독립기념일이라 그 직후에는 공항이 폐쇄된다는 것이다. 테러 대책이리라. 어쨌든 우즈베키스탄으로 날아가지만, 먼저 카자흐스탄을 둘러보기로 했다. 시작부터 파란이다.

여기서 끝나지 않았다. 출발 5일 전 독재자라 불리던 카리모프 대통령이 뇌출혈로 쓰러져 입원했다. 다음날 대통령이 사망했다는 미확인 정보도 흘러 나왔다. 통제 국가에서 독재자 신변에 이상이 생기면 사회가 혼란해지는 것이 보통이다. 테러가 일어날지도 모른다. 좀처럼 침착해지지 않는 마음을 안은 채 나리타공항에서 출발하는 우즈베키스탄 국영항공기에 올랐다.

상공에서 바라본 실크로드

우즈베키스탄 국영항공의 직항은 화요일과 금요일 주 2회로, 나리타와 우즈베키스탄 수도 타슈켄트를 연결한다. 비행기 꼬리 부분에는 새 모양의 도안이 그려져 있다. 피닉스, 즉 불사조의 마크라는데, 황새라는 설도 있다. 우즈베키스탄항공의 도쿄 사무소에 물으니 "주변은 물론 본국 본사에도 물어봤지만, 아는 사람이 아무도 없다"고 했다.

나리타에서 타슈켄트까지는 6030㎞로, 오전 11시 5분에 출발해 오후 4시 35분에 도착했다. 시차가 4시간이니 실제 비행시간은 9시간 반이나 된다. 비행 항로는 그대로 실크로드 상공이다. 비행기 안에서 그 모습을 내려다볼 수 있는 상황에 잠으로 시간을 보낼 수는 없다. 날아 오른 보잉 767

기가 시마네현의 신지宍道 호수를 지나 바다 위로 들어섰다. 북위 35도에서 직서 방향으로 비행하는데, 그대로 좀 더 가면 중국 시안 상공이다. 당나라 시대 실크로드의 동쪽 기점이던 장안으로, 비행경로가 그대로 실크로드 상공에 겹쳐 있다.

비행기가 중국 대륙 깊숙이 진입했다. 대지가 보이다가 시야 가득 무논이 들어온다. 폭이 넓은 무명천 한 장을 펼치듯 구불구불한 갈색 대하가 흐른다. 황허다. 몇 개의 지류를 아우르며 굽이친다. 행로가 목적지까지 3548*km*를 표시했다. 차차 풍경에서 녹색 빛이 사라져갔다.

이륙 후 정확히 4시간째 지면이 불그스름한 황토색이 되었다. 고비 사막이다. 창에서 내리 쬐는 태양빛이 더욱 뜨거워졌다. 실보무라지 같은 강바닥이 보이지만, 물은 흐르지 않는다. 모니터의 위치 표시를 보니 벽화로 유명한 둔황 상공 근처였다. 실크로드의 간선이라고도 불리는 오아시스로, 여기서 톈산天山북로, 톈산남로, 서역남도의 세 개 경로로 갈린다.

실크로드의 어원은 19세기 독일 지리학자 페르디난트 폰 리히트호펜이 창안한 '자이덴슈트라센Die Seidenstrassen'이다. 독일어로 '비단의 길'을 뜻하지만, 슈트라센은 슈트라세(길)의 복수형이다. '비단의 길'은 하나의 길이 아닌 도로망인 것이다. 북쪽 초원 지대를 통하는 스텝길, 중앙 산기슭과 사막을 누비고 나아가는 오아시스길, 남쪽 인도양을 배로 지나는 남해길 등이 그것이다.

이 가운데 중요한 것이 오아시스길이다. 오아시스란 사막에서 물이 있는 지역을 의미한다. 샘이나 강, 우물이라도 상관없다. 원시 농경은 이런 건조 지대의 오아시스로 인해 발생했다고 한다. 여름 기온이 일정해 냉해가 없고, 눈석임물이라 수량이 안정되어 있기 때문이다. 이에 비해 온난한 대하 일대는 홍수나 냉해 등 자연재해가 있어 농경에 활용하려면 궁리가 필요했다. 그런 궁리가 없으면 살아갈 수 없었기에 4대강 유역에 문명이 발달한 것이다.

비행기 앞길에는 톈산 산맥이 치솟아 있고, 남쪽으로 타클라마칸 사막이 펼쳐진다. 톈산 산맥 북측 기슭 경사면을 따라가는 실크로드 경로를 톈산북로라 한다. 둔황에서 북상, 투루판吐魯番에서 우루무치를 통해 사마르칸트에 도달한다. 이에 비해 톈산 산맥 남측을 통하는 경로를 톈산남로 혹은 서역북도라 한다. 둔황에서 누란樓蘭, 구자龜茲를 거쳐 카슈가르에 닿는다. 타클라마칸 사막 북쪽이다.

한편 타클라마칸 사막의 남측 경로를 서역남도라 부른다. 둔황에서 누란, 허톈和田을 거쳐 카슈가르에 도달한다. 세 개 경로 중 가장 빠른 기원전 2세기경에 열렸다. 『서유기』에 삼장법사로 등장하는 현장玄奘은 톈산남로와 북로 사이를 빠져나와 중앙아시아에서 인도에 도착했고, 돌아갈 때는 서역남도를 따라 중국으로 귀국했다. 마침 북쪽으로 톈산 산맥이 보였다. 남쪽은 타클라마칸 사막이다. 비행기는 옛 톈산남로 상공에서 서쪽으로 날고 있다.

강렬한 햇볕이 내리쬐어 대지가 벽돌처럼 굳어져 있다. 말라붙은 강바닥이 곳곳에 보인다. 사막 위로 노선이 이어진다. 신장 위구르 자치구의 투루판에서 카슈가르에 이르는 길이 1445km의 난장철로南疆铁路다. 실크로드의 요충지 구자 등 오아시스 도시를 가로지르며 달린다. 역사 주변에 몇 안 되는 인가가 보일 뿐 평평한 갈색빛 대지가 끝없이 펼쳐진다. 멀리서는 평평해 보이지만, 실제 대지는 기복이 심하다. 사구는 때로 높이 90m에 이른다. 하나의 사구를 넘으면 다시 다음 사구가 솟아 있다. 인간의 인내력을 시험하는 것 같은 땅이다.

*

사막 한가운데 보이는 도시가 금방 모래에 파묻힐 것처럼 보인다.
=2016년 9월, 중국 신장 위구르 자치구 상공

비단을 운반하는 대상(카라반)은 규모 차이는 있지만, 보통 한 사람당 낙타 20마리를 끌고 총 300마리와 함께 터벅터벅 걸어간다. 낙타의 4분의 3에는 비단 등 상품을 싣고, 나머지로 텐트나 물, 식료를 옮긴다. 낙타에 탈 수 있는 것은 대장과 요리사뿐이며, 나머지는 모두 전 여정을 걸어서 이동한다. 일렬종대로 하루 8시간, 약 30km를 행군한다. 햇볕이 강렬한 주간은 피해서 저녁부터 밤에 걸쳐 걷는데, 달이 떠 있지 않을 경우 주변이 캄캄해 의지할 것은 낙타 목에 건 방울 소리뿐이다. 실패하면 목숨은 없다. 경문을 구하러 중국에서 인도로 향하는 길을 답파한 육조 시대의 승려 법현法顯은 "상공을 나는 새도, 대지를 달리는 짐승도 없다. 그저 죽은 자의 백골을 표지 삼아 나아갈 뿐"이라 적었다.

이윽고 사막 가운데 검은 바위산이 이곳저곳 얼굴을 드러내고, 상공에는 양떼 같은 흰 구름이 퍼져 있다. 이렇게나 구름이 있다면 비가 쏟아져 내릴 법도 한데 지면은 검게 굳은 토막土漠이다. 구름 그림자가 반점 모양을 만들자 토막은 다시 사막이 되어 파도 같은 풍문風紋이 모래 위로 퍼져간다.

문득 강줄기에 초록빛 밭이 빠끔히 모습을 드러낸다. 오아시스다. 그곳에서 동서로 한줄기의 포장도로가 이어져 있다. 햇빛을 반사해 희게 빛나는 점이 움직인다. 서쪽으로 차들이 달리고 있다. 포장된 도로에 나란히 늘어선 갈색빛 일직선 줄기가 가늘게 보인다. 이 길이야말로 그 옛날 낙타가 오가던 실크로드일 것이다.

모래 색이 붉은빛에서 검은빛을 띠고, 말라붙은 오래전 강의 흔적이 그물코 같은 형상이다. 저지대가 흰빛으로 보이는 것은 함수호가 말라 암염이 드러난 것이다. 출발로부터 6시간째 남쪽으로 눈 덮인 쿤룬 산맥을 바라본다. 만년설이 흘러내리는 계곡에는 댐이 푸른 물을 담고 있다. 그곳에서 한 줄기 강이 흐르며, 양쪽 기슭에는 가는 초록빛 밭이 이어진다.

사막 한가운데 홀연히 도시가 출현했다. 비행기 창문 바로 아래로 깔끔하게 구획이 나뉜 시가지가 드러났다. 숲을 이룬 고층 빌딩도 육안으로 보인다. 물을 비축해 놓은 인조 호수도 있다. 지도를 펼치니 카슈가르에 도착한 것 같다. 신장 위구르 자치구의 서쪽 끝으로, 도시권 인구가 120만 명에 달하는 대도시다.

거리가 끝나자 남쪽으로 다시금 험한 봉우리가 드러났다. 페르시아어로 '세계의 지붕'을 의미하는 파미르 고원이다. 옛 중국에서는 총령葱嶺이라 불렀다. 1시간쯤 더 가니 표면이 붉고 들쭉날쭉한 낮은 산이 기분 나쁜 모습을 드러낸다. 『서유기』에 나오는 화염산火焰山처럼 불그스름한 산이다. 곧 미국의 그랜드캐니언처럼 깊게 패인 골짜기가 되었다. 그 뒤는 원만한 평지로, 초록빛 밭이 끝없이 펼쳐진다. 대규모 오아시스다.

나리타공항을 출발해 9시간 반 만에 중앙아시아의 심장

우즈베키스탄 수도 타슈켄트에 착륙했다. 그로부터 4시간 뒤 중태에 빠졌던 카리모프 대통령이 사망했다.

제2절

유목민의 대지 카자흐스탄

실크로드의 역사가 살아 있는 거리

우즈베키스탄의 수도 타슈켄트공항에 도착하자마자 그대로 환승 게이트로 발길을 돌려 이웃나라 카자흐스탄으로 향했다. 1시간 반 뒤에 도착한 곳은 이 나라 최대 도시 알마티다. 소련에서 독립한 후 내륙부의 누르술탄이 수도가 될 때까지 알마티가 수도였다. 중앙아시아의 대도시다. 공항에 있는 사람들 얼굴을 보자 긴장이 풀렸다. 일본인과 똑 닮았기 때문이다.

알마티란 '사과의 마을'이라는 의미다. 옛날에는 도시 주변에 사과나무숲이 펼쳐져 있었다. 기온은 30도지만, 습도가 낮아 쾌적한 느낌을 준다. 고지대에 자리 잡고 있어 나가노현 동북부의 피서지 가루이자와 같은 환경이다. 고개만 들면 만년설이 덮인 고봉을 거리에서 조망할 수 있다. 실크로드의 오아시스 길을 남북으로 가르는 톈산 산맥의 끝이다. 거리는 느긋한 느낌이다. 국토 면적은 세계 9위로, 아시아에서는 중국, 인도의 뒤를 잇는다.

거리를 달리는 버스 차체에 시의 휘장이 그려져 있다. 흰 바탕에 검은 반점이 있는 눈 표범이 입에 사과꽃을 문 채 뒤를 돌아보는 그림이다. 무의식중에 몸을 내밀었다. 뒤를 돌아보는 동물 문양을 그리는 것은 중앙아시아 유목민족 특유의 전통이다. 기원전 스키타이 시대부터 전해진 것이 현대 사회에도 쓰이고 있다.

이것과 닮은 것으로 말을 탄 사수가 뒤를 돌아보며 활을 쏘는 문양이 있다. 파르티안 샷이라 한다. 쇼소인의 은 항아리 문양에는 사수도, 겨눠진 사슴도 뒤를 돌아본다. 파르티안은 기원전 3세기 지금의 이란 지역에 있던 왕국이다. 퇴각하는 것처럼 보이게 해서 방심한 상대가 쫓아오면 이런 방법으로 공격했다고 한다. 이것으로 침입한 로마제국 군대를 격퇴했다.

*
호텔 레스토랑에 그려진 호랑이 사냥 벽화. =2016년, 알마티

꽃을 입에 무는 것은 쇼소인 보물에서 볼 수 있는 꽃을 문 새 문양을 연상시킨다. 새가 꽃을 문 디자인으로, 색조문 咋鳥文이라고도 한다. 둔황의 벽화에는 꽃을 입에 문 새가 석가의 설법을 듣는 그림이 있다. 서남아시아에서 일본에 전해진 문양이 21세기인 지금도 시민 생활에 쓰이고 있다.

숙박한 호텔의 이름은 오트라르호텔이다. 오트라르는 역사적으로 이름 높은 지명이다. 몽골 칭기즈 칸의 대상을 오트라르의 지배자가 살해하고 화물을 몰수했다. 화가 난 칭기즈 칸이 직접 대군을 이끌고 진군해 파죽지세로 일대를 정복하고, 마침내 유라시아대륙에 걸친 대제국을 창건했다. 오트라르는 현재의 카자흐스탄 남부 지역에 있다.

호텔 레스토랑은 실크로드 사람들을 그린 벽화로 사방이 메워져 있었다. 펠트 모자를 쓴 사내들이 창이나 봉을 들고 호랑이를 사냥하는 그림이다. 현악기를 연주하는 악사 옆에서 여성들이 더운 물에 아이를 목욕시키는 그림은 출산을 축하하는 것 같다. 사내가 여성 앞에서 무릎을 꿇고 구애하는 그림, 아무리 봐도 중국인 같은 남녀가 화물을 실은 낙타를 데리고 가는 그림도 있다.

벽화는 시내 이곳저곳에서 눈에 띈다. 지하철 1호선 지벡졸리역은 카자흐스탄 말로 실크로드역이라는 의미다. 표를 사서 개찰구를 빠져나갔다. 내려가는 에스컬레이터는 지옥까지 이어지는 걸까 싶을 정도로 땅속 깊이 내려가 겨우 플랫폼에 닿았다. 핵 공격 대피시설이 아닌지 의심스러울 정도다. 플랫폼 벽에는 도자기 판이 덧대어 있다. 항아리를 짊어진 낙타나 갑옷을 입고 말을 탄 무사 등의 부조다. 실크로드 왕자와 공주의 결혼식을 묘사한 벽화도 있다.

단상에 오른 왕자는 흰 가운을 입었고, 두 여성이 신부 옷자락을 받쳐 들고 있다. 단 아래에는 귀족이 금색과 청색의 호화로운 차림으로 선물을 들었고, 현악기를 안은 악사가 연주한다.

국립박물관에 들어서니 홀 정면에 '황금인간' 상이 서 있다. 4000장의 금세공을 이어 만든 갑옷을 걸친 남성의 모습이다. 갑옷에는 양과 영양 등 동물 문양이 조각되어 있다. 머리에도 말이나 사자 등을 본뜬 금세공을 붙인 원추형 모자를 썼다. 고대 스키타이민족의 묘에서 파낸 기원전 5세기 물건이라고 한다. 고대 그리스군에 종군한 역사가 헤로도토스는 "모자를 쓴 사카이족과 싸웠다"고 『역사』에 기록했다. 사카이는 스키타이민족을 의미한다. 역사가가 쓴 그대로의 모습이 묘에서 나온 것이다. 이 일대는 예로부터 전형적인 유목민족의 땅이었다.

'황금인간'의 복장은 지금과 거의 다르지 않다. 바지, 통소매 상의, 벨트, 버클, 구두, 이 모두가 유목민족이 발명한 것들이다. 고대 그리스나 고대 로마에서는 한 장의 천을 몸에 감고 다리에는 샌들을 신었다. 고대 중국에서는 넉넉한 한푸漢服를 입었다. 21세기인 오늘까지 이어지는 복장은 기마민족이 개발한 습속이다. 장화 또한 박차를 가하며 말을 모는 수렵과 전투를 위한 것이다. 군장은 고대 유목민 시대부터 거의 달라지지 않았다.

유목민족과 농경민족

말을 타는, 즉 기마騎馬가 역사에 등장한 것은 기원전 10세기다. 19세기 영국에서 증기기관차가 발명되기 전까지의 3000년은 기마가 가장 빠른 교통수단이었다. 말을 타는 것으로 각지에 흩어져 있던 유목민이 쉽게 모일 수 있게 됐고, 유목민의 국가가 출현했다. 오아시스의 농경민에게 종속되어 있던 유목민이 말을 기를 수 있게 되면서 강대한 전투력을 가진 기마민족이 되어 농경민 위에 군림했다.

카자흐인 대다수는 최근까지 반半유목 생활을 했고, 1년의 절반은 가축을 끌고 산에서 지냈다. 유목 생활의 흔적은 지금도 관찰된다. 수도 교외의 천막집을 유르타라고 하는데, 몽골의 게르나 중국의 빠오包과 같은 것이다. 직경 약 5m의 원형으로, 나무막대기로 짠 골조 위에 양털로 만든 펠트를 뒤집어 벽을 두른다. 안은 의외로 밝다. 천장의 둥근

부분이 열려 있어 천창天窓 역할을 한다. 바닥에는 갈색 바탕에 흰색 당초무늬를 그린 융단이 깔려 있고, 벽에는 기하학무늬의 주단을 둘렀다. 바닥에 붉은색과 황색, 극채색의 베개가 구르고 있다. 왼쪽 벽에 침대가 있고, 커튼이 드리워져 있다. 신발을 벗고 들어가 책상다리를 하고 앉으니 유목민이 된 것 같은 기분이다.

요리가 나왔다. 기름에 튀긴 빵은 사모사라고 부르는 파이로, 고기와 양파가 들어 있다. 러시아 요리인 보르시가 나왔다. 비트로 만든 스프다. 유목민의 전통식에 소련 시대에 퍼진 러시아의 식생활이 섞여 있다. 병에 든 흰 액체는 낙타 젖이다. 요구르트 맛인데, 산미가 강하고 우유보다 감칠맛이 있다. 다음으로 마유주가 나왔다. 우유처럼 희지만, 산미가 확실히 강하다. 알코올 도수는 1~3%로 낮다. 술이라기보다 유산음료에 가깝다. 젖을 짤 수 있는 기간이 정해져 있는 까닭에 좀처럼 손에 넣을 수 없다고 한다.

유르타 벽에 현악기가 걸려 있다. 돔브라라는 이름의 민속 악기다. 서양배 모양의 몸통에 1m 정도의 긴 장대가 이어져 있다. 몸통 앞쪽의 평평한 부분은 소나무, 뒤쪽의 불룩한 부분은 자작나무다. 지금은 두 개의 현에 나일론을 주로 쓰지만, 예전에는 양의 창자를 썼다. 연주자가 돔브라로 반주하며 예로부터 전해오는 음유시인의 서정시를 읊는다.

시 중심부 공원에 있는 카자흐 민속악기 박물관을 찾아가니 여러 종류의 악기가 있다. 대부분이 현악기로, 돔브라가 중심이다. 돔브라 몸통을 크게 해서 대를 짧게 줄인 형태를 한 것이 쇼소인에 소장되어 있다. 나전자단오현비파螺鈿紫檀伍絃琵琶로, 세계에 유일하게 남은 고대 오현비파다. 몸통은 낙타를 탄 호인이 사현비파를 켜는 정교한 나전 세공으로 덮여 있다. 이 낙타 역시 뒤를 돌아보고 있다.

돔브라 음색을 실제로 들어 본 것은 카자흐스탄국립대학 교실에서다. 연주한 이는 동양학부 일본어학과 3학년 여학생이었다. 그녀는 의자에 앉아 다리를 모은 채 돔브라를 기타처럼 안고 손끝으로 연주했다. 두 줄기 현을 사용해 단조의 소박한 선율이 흘렀다. 묘한 그리움이 느껴졌다. 격하게 연주할 때 울리는 소리는 쓰가루 샤미센津軽三味線⚭을 떠오르게 했다. 다른 학생은 이시카와 사유리의 엔카를 불

⚭ 바치撥라는 도구를 사용해 3개의 현을 연주하는 아오모리현 쓰가루 지역의 전통악기.

렸다. 얼굴생김이 우리와 똑 닮은 데다 감정을 실어 노래하니 마치 일본에 있는 것 같다. 유튜브를 보면서 배웠다고 한다.

홋카이도대학에서 유학했다는 4학년 학생 카밀라는 일본어로 카자흐스탄을 소개하며 일본어와 카자흐어가 유사하다고 말했다. 애니메이션에 흥미가 있어 인터넷으로 일본어를 듣다가 발음이 아름다워서 본격적으로 공부하게 됐다. 현지에 일본센터가 있어서 고교 시절부터 다녔다. 같은 우랄알타이어족이라 문법 구조가 비슷해 배우기 쉬웠다고 한다.

하지만 문법은 비슷할지라도 문화가 달랐다. 그녀가 일본에서 가장 문화 충격을 느낀 것은 '배려'다. 자신뿐만 아니라 타인을 생각해 무엇을 하든 차례를 지키는 관습이 신선해서였다. 그녀는 "'민폐'라는 말은 카자흐어에는 없습니다"라며 웃었다. 이는 수렵 유목민족과 농경 정주민족의 차이일 것이다. 수렵에서 뒷걸음질 치면 수확이 없으니 기선을 제압해서 목적을 달성해야 한다. 한편 농경민의 경우 다 함께 농사일을 해야 하는 까닭에 타인을 배려하지 않으면 사회가 유지될 수 없다. 타인에게 민폐를 끼치면 따돌림을 당해 결국 사회에서 배제된다.

교외의 공원에 가니 아름다운 노란색 꽃이 한쪽에 피어 있다. 이름을 묻자 "그냥 꽃입니다. 이름은 딱히 들어본 적 없어요"라는 답이 돌아왔다. 작가이자 영화감독인 시이나 마코토가 몽골에서 같은 체험을 했다고 썼다. 유목민에게는 꽃보다 가축에게 먹일 풀이 중요한 것이다. 그들에게 꽃은 잡초에 지나지 않는다. 그러나 일본인에게 그 잡초는 소중한 연구 자료가 된다.

구소련의 그림자

카자흐인의 얼굴은 일본인과 정말 닮았다. 공항에 나를 마중 나온 가이드 자나르 역시 일본인처럼 생겼다. 자나르란 '히토미(눈동자)'라는 뜻이므로, 그녀를 히토미라고 부르기로 했다. 히토미는 중국 신장 위구르 자치구에서 나고 자란 카자흐족이다. 카자흐 정부의 귀향 요청으로 카자흐스탄을 방문한 뒤 그대로 정착했다. 중국 정부는 신장에서 위구르인을 탄압하는데, 카자흐인들도 편치 않다고 한다. 그래서 중국에서 카자흐로 관광 왔다가 정착한 카자흐인이 많다.

카자흐스탄은 방대한 국토에 비해 인구가 고작 1700만 명 정도다. 그런데 세계 각지에 흩어져 있는 카자흐인은 1만 명 규모다. 정부가 이런 동포를 흡수해 국민을 늘리려는 것이다. 카자흐인임을 증명하면 3개월 만에 영주 허가가 나온다.

이 나라에는 137개 민족이 공존한다. 그중 카자흐 민족은 전 인구의 3분의 2에 지나지 않는다. 알마티 거리를 걸으면 자주 보이는 백인은 러시아인이다. 러시아인은 카자흐인 다음으로 많아 인구의 2할 이상이나 된다. 소련 시대에는 인구의 3분의 1을 차지했다. 19세기 제정러시아가 중앙아시아를 침략할 때 요새를 만들어 거점으로 삼은 게 이곳이다. 이후 카자흐스탄에 러시아인이 밀려들었다.

국어는 카자흐어지만, 헌법에 규정된 공용어는 러시아어다. 거리에서 눈에 띄는 간판은 러시아어의 키릴 문자다. 카자흐인의 태반이 이슬람교도지만, 시 중심부에 솟은 것은 러시아정교회다. 문화적으로 러시아의 영향이 강하다. 제정러시아가 사회주의 국가인 러시아연방으로 바뀌자 유목민도 콜호즈 등 집단농장에 강제로 편입됐다. 당시 무리한 정주로 가축이 대량 폐사했다. 강제당하는 것이 싫어 수만 명의 유목민이 국경을 넘어 이웃나라 중국으로 도망쳤다. 히토미의 선조도 그중 하나였을지 모른다.

소련 시대는 러시아인의 천하였다. 국가 정책 차원에서 러시아인과 우크라이나인이 수만 명 규모로 카자흐스탄에 유입됐다. 러시아인이 카자흐스탄공산당 간부로 임명됐고, 불만을 가진 카자흐인 중에 러시아에 대항하는 민족주의자가 출현했다. 저항하는 카자흐인을 탄압한 카자흐스탄공산당 중앙위원회 제1서기는 그 공적을 평가받아 모스크바 중앙으로 영전했다. 그가 이후에 소련공산당 서기장 자리에까지 오르는 레오니트 브레즈네프다.

당시 카자흐스탄에서는 카자흐어를 사용하면 비난받았고, 버스에서 카자흐어를 쓰면 하차당했다. 종교도 제한됐다. 돼지고기를 먹지 않는 이슬람교도라도 식사에 나온 돼지고기를 안 먹으면 손가락질 당했다고 히토미가 말했다.

카자흐스탄 북동부 세미팔라틴스크는 소련 시대 핵 실험장으로 사용됐다. 소련의 붕괴로 폐쇄됐지만, 40년간 약 500회의 핵실험이 이뤄졌다. 피해자가 150만 명을 웃돌며, 지금도 방사능 오염 문제가 남아 있다. 또 소련 시대 핵무기 기지가 설치되어 104기나 되는 대륙간탄도미사일ICBM

이 배치됐다. 소련 붕괴 후 카자흐스탄은 돌연 세계 4위의 핵보유국이 됐다. 이상하리만치 깊은 곳에 만들어진 수도의 지하철을 보고 핵공격 대피시설이 아닐까 하는 의심이 들었던 것도 무리는 아니었다. 핵무기는 1995년까지 모두 철거됐지만, 문제는 원자력발전소가 아직 건재하다는 사실이다. 2015년에 이 나라를 방문해 원전 건설 계획에 협력을 약속한 것이 일본의 아베 신조 총리다.

카자흐스탄 북부 바이코누르에는 소련 시대부터 사용되던 우주기지가 있다. 1961년 인류 최초로 우주를 비행한 유리 가가린 소령이 날아오른 게 이곳이다. 일본인 우주비행사가 탄 소유즈 우주선도 이곳에서 쏘아 올려졌다. 일대의 토지를 관리하는 것은 러시아연방 우주국이다. 현재까지도 러시아가 연간 약 100억 엔에 빌려 쓰고 있다. 소련 시대의 어두운 그림자는 소련 붕괴 후 독립한 지금까지도 눈에 들어온다.

수도 최대의 중앙시장을 들여다봤다. 콕 바자르라고 부른다. 콕은 '푸른'을 지칭하는 것으로, 풀어 보면 '푸른 시장'이라는 의미다. '청과 시장'을 뜻한다. 푸른 채소를 잔뜩 판다고 해서 이 이름이 붙었다. 과거에는 녹색을 청색이라 말했다 한다. 녹색신호를 청신호라고 부르는 일본과 마찬가지다. 이런 부분에서 같은 아시아인의 감성을 느낀다.

입구 가까이에는 말린 포도와 살구 등 마른과일과 호두, 캐슈너트 등 견과류가 산처럼 쌓여 있다. 벌꿀은 벌집에 든 채로 랩에 봉해져 팔리고 있다. 한 귀퉁이에 김치 매장이 늘어서 있다. 얼핏 봐도 한반도에서 온 것 같은 생김새의 여성들이다. 왜 중앙아시아에는 한민족이 많을까? 예전에 일본이 '만주국'을 만들었을 때, 소련 지도자 스탈린은 인근 소련 연해주에 살던 한민족을 일본의 스파이로 의심했다. 이로 인해 약 20만 명의 한민족을 중앙아시아로 강제 이주시켰다. 가혹한 이야기지만, 이 자손이 지금도 민족의 전통을 지키며 살아간다. 그들을 한국어로 '고려 사람(고려인)'이라 부른다.

시장 안쪽에는 정육점이 있다. 말고기 매장이 두 곳 있고, 소고기 매장에는 길이 30㎝나 되는 소 혀 5개가 축 늘어져 있다. 양고기 매장에는 여러 부위 고기가 진열돼 있다. 새끼 양도 사지를 펼친 형태로 매달려 있다. 신기한 점은 파리가 전혀 없다는 것이다. 이렇게나 날것들이 넘치는데, 파리 한 마리도 보이지 않다는 게 이상하다. 아무리 건조 지대라 벌레가 없다고 해도 수상할 정도다. “청결하게 관리하니까”라고 시장 사람이 설명했다. 실제로 바닥에 쓰레기가 전혀 떨어져 있지 않다. 청소 도구를 든 제복 차림의 청소원들이 분주히 청소하며 돌아다닌다. 머리카락 하나 떨어지게 놔두지 않겠다는 표정이다.

매장 사진을 찍으려 하는데 시장 감시원이 달려와 눈을 부릅뜨며 “촬영 금지”라고 말한다. 이유를 물었더니 소련 시대부터 이어 내려온 관습이란다. 그렇다 하더라도 촬영한다는 걸 어떻게 바로 알아차릴 수 있었을까? 살펴보니 시장 이곳저곳에 감시카메라가 달려 있다. 꺼림칙하다. 모든 나라를 감시하고 이것도 저것도 금지되어 인간은 물론 날아다니는 파리조차 허용하지 않는 걸까 하는 생각이 들었다.

카자흐는 본래 ‘자유’를 의미한다. ‘방랑자’, ‘모험가’의 의미도 있어, 토지에 묶이지 않고 자유롭게 유목하는 사람들을 말한다. 러시아의 코사크도 같은 어원이다. 유목민에게는 원래 자유에 대한 갈망이 있지만 현실은 엄혹했다.

이틀간의 카자흐스탄 체류 후 본래 목적지 우즈베키스탄으로 향했다.

제3절

우즈베키스탄의 고도

특급열차 동양호

카자흐스탄에서 비행기를 타고 우즈베키스탄으로 향했다. 수도 타슈켄트 공항으로 입국하는데 조금 움츠러들었다. 엄격하게 입국 심사를 한다고 여러 번 들었기 때문이다. 입국 서류에 실수가 없도록 몇 번이나 고쳐 제출했다. 하지만 세관 담당관은 내 비자를 확인하더니 순식간에 통과시켰다. 소지금 등 신고서도 휙 훑어 봤을 뿐이다. 들었던 이야기와 무척 달랐다.

러시아 키릴 문자지만, 카자흐어와 달리 우즈베크어는 우리가 매일 접하는 알파벳이다. 안내 팸플릿은 우즈베크어뿐만 아니라 영어로도 적혀 있다. 점점 긴장이 풀렸다.

공항에서 맞아 준 우즈베크인 가이드 남성은 슌코르라고 했다. '매'라는 의미다. 농담으로 "엔카 가수 호소카와 타카시의 숨겨진 아들입니다"라고 자기소개를 할 만큼 그와 닮았다. "북쪽의 / 그 주막거리에는"이라며 일본어로 노래까지 불렀는데, 목소리도 닮았다. 붙임성 좋은 친구다.

열차를 타고 지방 도시 부하라를 방문하기로 했다. 옛 왕조의 수도였던 곳으로, 일본으로 치면 나라奈良에 해당하는 고도다. 실크로드가 활발했을 무렵 도시 국가였던 부하라를 중국에서는 '안국安國'이라 불렀다. 타슈켄트는 '석국石國', 두 도시 사이에 위치한 사마르칸트는 '강국康國'이다. 모두가 실크로드의 요충지다. 철로 여행은 구 실크로드를 그대로 더듬는다.

덧붙여서 중국 당나라 시대 중앙아시아에서 당으로 온 소그드인은 출신지를 성으로 썼다. 부하라 출생이면 안 씨, 사마르칸트 출생이면 강 씨다. 현종 황제 때 반란을 일으킨 장군 안녹산安綠山은 사마르칸트 출생의 소그드인이었다. 모친이 부하라인과 재혼해 성을 '안'이라 한 것이다. 녹산은 소그드어의 '로호잔(Rokshan, 밝은)'을 음이 닮은 한자로 바꿔 쓴 것이다.

타슈켄트 기차역에 가니 타계한 대통령을 추모하는 제단이 홀에 설치되어 있다. 사방 1m의 카리모프 사진 주위가 흰장미와 백합꽃으로 둘러싸여 있다. 플랫폼에 가니 특급열차 샤르크(동양)호가 기다리고 있다. 튼튼해 보이는 소련풍 만듦새의 차체다. 모던한 디자인에 푸른색과 흰색을 칠하고 "O'ZBEKISTON(우즈베키스탄)"이라는 국명을 써놓았다. 객차는 방으로 나뉜 컴파트먼트 방식으로, 통로를 따라 3인실과 6인실이 늘어서 있다.

벽에는 시각표가 붙어 있다. 오전 8시 45분에 출발해 12시 4분 사마르칸트에 도착하고, 종점인 부하라에는 오후 3시 16분에 도착할 예정이다. 6시간 31분이나 걸린다고 했지만, 실제로는 7시간 이상 걸렸다. 가는 도중 사마르칸트에서 기관차를 교환하는 데 시간이 걸렸기 때문이다.

긴 여행이었지만 풍경을 보니 질리지 않는다. 최초로 건너온 강폭 300m의 큰 강은 세계 지도에도 실려 있는 시르다리야다. 본래 다리야는 바다를 의미하지만, '큰 강'의 뜻으로 바뀌었다. 시르는 '풍요로운'이라는 의미로, 시르다리야란 '물이 풍부한 대하'다. 톈산 산맥에 원류가 있어 아랄해로 들어간다.

차창 저편 길에는 포플러 가로수가 이어진다. 거리를 벗어나니 목화와 옥수수 밭이다. 집 지붕은 태반이 일본과 같은 맞배집으로, 함석지붕이 많다. 이윽고 사막 지대에 이르렀다. 선로 옆에 분홍빛 꽃이 핀 작은 나무들이 있다. 실크로드를 그린 히라야마 이쿠오 화백이 사랑한 타마리스크다. 사막이 토막이 되더니 이내 녹음이 펼쳐진다. 이 나라 특산인 목화밭이다. 그러더니 이내 눈이 휘둥그레질 만큼 푸른 호수가 나타났다. 넋 놓고 보는 사이 열차가 홈으로 미끄러져 들어갔다.

피비린내 나는 성벽 도시 부하라

새파란 하늘이다. 강한 햇볕에 새하얀 2층 건물의 부하라 역이 빛난다. 역이 부하라 거리로부터 먼 곳에 있어 주변에 아무것도 없다. 버스를 타고 시내로 향하는데 햇볕에 말린 벽돌로 된 단층집들이 늘어서 있다. 길 곳곳에 연와를 쌓아 올린 벽의 폐허가 남아 있다. 이 거리 주변 12㎞를 둘러싸고 있던 성벽의 일부다. 시 중심부는 유네스코 세계유산에 등록된 구시가지로, 중심에 성이 솟아 있다.

모래 산처럼 보이는 황토색 성벽이 눈앞에 버티고 있다. 아르크성이다. 성벽 높이가 20m로, 7층 건물 정도의 높이다. 1세기에서 4세기에 걸쳐 건설되어 13세기에 칭기즈 칸의 군대에 의해 파괴되고, 주민은 몰살당했다. 그 뒤 재건됐다가 1920년 소비에트 붉은 군대의 폭격으로 일부가 파괴된 흔적이 아직도 남아 있다. 따라서 주민들의 구소련에 대한 시선이 차갑다.

2개의 판이 솟은 장대한 성벽을 빠져나가니 벽에 쇠창살이 끼워져 있다. 감옥이다. 19세기에 말에 탄 채 성내에 들어와 불경죄로 체포된 영국 장군이 이곳에 갇힌 뒤 처형됐다고 한다. 성에 들어오니 느닷없이 본보기와 맞닥뜨리게 된다. 뭔가 꺼림칙하다.

반대쪽 벽에는 중국에서 전해진 꽃병이 장식되어 있다. 가는 꽃 장식으로, 꾸미느라 손이 많이 간 듯 보이는 자기다. 성의 보물 중에는 도기와 자기가 5000점이나 있고, 일본에서 전래된 항아리까지 있다고 한다.

부하라의 심벌이라 불리는 칼란 미나레트를 방문했다. 이슬람교의 기도 시간을 고하는 벽돌 탑은 12세기 것이다.

꼭대기까지 46m로, 15층 건물 높이다. 정상 가까이 창에 불을 밝혀 야간에 여행하는 실크로드 대상을 위한 등대 역할을 했다. 한편 범죄자를 창에서 내던져 죽이는 데도 이용됐다. 피비린내 난다.

진귀한 가위를 만드는 대장간의 공방을 찾았다. 흰 자수가 들어간 검은 사각형의 전통모자 도프를 쓰고, 배가 나온 뚱뚱한 체격의 장인 사이프로가 금방 만든 가위를 집어 든다. 전체가 황새 형상으로, 길이가 15㎝ 정도다. 날붙이를 열면 새가 입을 벌린 모양이 된다. 황새는 높은 수목이나 전신주, 사원 탑에 둥지를 트는 까닭에 행복을 부르는 새로서 사람들에게 친근하다. 25달러를 주고 샀더니 그 자리에서 가위 날에 내 이름을 새겨 준다. 공방에서는 예리한 고기용 칼이나 활 모양으로 굽은 긴 칼을 만들고 있었다. 여기서도 피비린내가 난다.

시내에는 중앙아시아에 현존하는 최고의 이슬람 건축, 이스마일 사마니 묘가 있다. 이슬람 이전인 기원전의 종교 조로아스터교의 영향을 받은 것이다. 교의의 특징은 선과 악의 이원론으로, 상대를 양자택일한다. 애매함을 허락하지 않는 풍토다. 이것이 피비린내 나는 역사와 이어진 걸까?

오아시스에서 한걸음만 나가면 사막뿐이니 도망칠 곳도 없다. 용의주도하지 않으면 실크로드에 들어가는 것은 불가능하다. 내리쬐는 태양, 부족한 물, 엄혹한 자연 조건에 놓여 있다 보니 성격도 잔혹해졌을지 모르겠다. 분쟁의 땅이 된 중앙아시아의 역사는 용서 없는 살육의 역사이기도 했다.

'푸른 도시' 사마르칸트에서 쇼소인까지

부하라에서 버스로 4시간 반을 달려 사마르칸트에 도착했다. 부하라가 일본의 나라라면, 사마르칸트는 교토다. 중앙아시아 최대 규모의 오아시스 도시이며, 교육의 중심지이자 문화의 교차로로서 유네스코 세계유산에 등재되어 있다. 거리는 그 아름다움으로 인해 "푸른 도시"라 불린다.

끝없이 펼쳐진 맑고 푸른 하늘 아래 산뜻한 청록 터키석 빛을 띤 모스크 돔이 햇빛을 반사해 반짝인다. 소설가 이노우에 야스시는 부하라를 가리켜 "혼이 빨려 들어가지 않을 수 없는 푸른 빛"(『유적 여행, 실크로드』)이라 표현했는데, 부하라보다 사마르칸트 쪽의 푸른빛 느낌이 더욱 강렬하다.

*

푸른 하늘 아래 오래된 모스크 돔이 빛나는 레기스탄 광장.
=2016년 9월, 사마르칸트

중세 아랍의 지리학자 이븐 하우칼은 이 거리를 "인간이 일찍이 목도한 가장 아름다운 풍경"이라고 했다.

현지 시민들은 "지구상에서 가장 긴 역사를 가진 도읍"이라 자랑한다. 사마르칸트를 형용하는 말은 많다. '성자의 도시', '신과 성자의 정원', 나아가 '동방의 로마'라고까지 하는데, 이는 오히려 겸손한 표현이다. 여하튼 이 거리의 역사는 고대 로마 이전인 구석기 시대까지 거슬러 올라간다. 조로아스터교의 성전 아베스타에 따르면, 사마르칸트는 기원전 10세기 오아시스 도시로 발전했다. 지금으로부터 2500년 전 언덕에 성벽 도시가 치솟아 있었다. 실로 세계 최고最古의 도시 중 하나인 것이다.

기원전 4세기에는 원정 온 알렉산더대왕에게 저항했다가 완전히 파괴되어 '죽음의 도시'가 되었다. 후에 겨우 되살아났지만, 13세기에는 칭기즈 칸 군대에 짓밟혀 다시 폐허가 되었다. 부활한 것은 14세기로, 중앙아시아를 석권한 티무르제국의 수도가 되었다. 그래서 "칭기즈 칸이 파괴하고 티무르가 건설했다"는 말이 있다. 불사조 같은 도시다.

가장 먼저 찾은 곳은 8세기부터 이어진 전통 공법으로 종이를 만드는 제지 공방이다. 입구 토방에 걸터앉은 젊은 여성이 나뭇가지의 갈색 껍질을 칼로 얇게 벗기고 있다. 종이의 원료다. 일본처럼 닥나무나 삼지닥나무가 아닌 뽕나무 가지다. 벗겨낸 껍질에 물을 부어 4~5시간 정도 끓인다.

작은 강 옆에 물방앗간이 있다. 격류가 콸콸 소리를 내며 흐른다. 파미르고원에서부터 흘러온 자라프샨 강의 지류로, 눈이 녹은 맑고 찬 물이다. 건조 지대여서인지 물소리가 대단히 신선하게 들린다. 수로에서 수차가 돈다. 수차 굴대로부터 방사형으로 돌출한 봉들이 공방의 절굿공이를 움직인다. 절구 안에는 방금 전에 본 뽕나무 껍질이 들어 있어 8~9시간 후에는 액체 상태가 된다.

실내에서는 젊은 직인들이 종이를 뜨고 있다. 금방 만든 질 좋은 종이 표면에 광택이 난다. 원료가 뽕나무여서다. 뽕잎은 명주실을 입에서 토해 내는 누에의 먹이다. 그 나무껍질을 사용한 종이도 비단 같은 광택을 발한다. 그래서 실크페이퍼(비단종이)라 불린다. 색이 갈색빛인 것은 나무껍질의 색이기 때문이다. 일본이라면 흰색을 좋아하겠지만, 직인이 "이 색의 종이는 촛불 빛에 글을 읽어도 눈이 피로해지지 않는다"고 설명했다. 그리고 "요즘 종이는 200년밖에 보존되지 않지만, 여기서 만든 종이는 2000년도 끄떡없다"면서 자랑스레 덧붙인다.

비단의 길 실크로드는 종이의 길이기도 하다. 중앙아시아의 패권을 둘러싸고 동쪽의 당나라와 서쪽의 아랍 군대가 751년 충돌했다. '탈라스 전투'가 그것이다. 동서 문명이 충돌하는 일대 격전이었다. 탈라스는 지금의 카자흐스탄과 키르기스스탄의 국경 부근이다. 승리를 거둔 아랍 측은 당나라군 2만 명을 포로로 삼았다. 그중에 종이 직인이 있었다. 이윽고 사마르칸트에 종이 공방이 만들어지고, 중국의 제지 기술이 서쪽으로 퍼졌다. 코란이 대량으로 만들어져 이슬람교가 보급됐다. 그때까지는 보존성이 약한 파피루스나 고가인 양피지이던 문화 전달 방법이 크게 바뀐 것이다.

뽕나무가 춤추는 노래

탈라스 전투 100여 년 전에 『서유기』의 삼장법사 현장이 인도 여행 도중 사마르칸트를 방문했다. 현장은 『대당서역기』에 "불교 사원이 두 곳 있었지만, 이미 지키는 이도 없다"라고 쓴 것 외에, 탈라스 부근에 300여 가구의 중국인이 산다고 기록했다. 오래전 유목민족에 휩쓸려 정착한 사람들이다. 지배자가 계속 바뀐 중앙아시아에서 민중은 번뇌했다.

그리고 탈라스 가까이에 스이아브碎葉라는 교역 도시가 있었다. 당나라 시인 이백이 이곳에서 태어났다고 한다. 이백은 다섯 살 때 부모를 따라 중국으로 돌아왔다. 작가 진순신은 『페이퍼로드』에서 이백의 선조도 중앙아시아에 강제 연행됐던 건 아닐까 하고 적은 바 있다.

사마르칸트 시가지에서 올려다보면 거대한 황토색의 흙

덩이가 있다. 아프라시압 언덕이다. 고대에는 사마르칸트 시가지가 여기 있었다. 언덕 주변으로 성벽이 둘러싸인 성벽 도시였다가 칭기즈 칸이 이끄는 몽골군에 처절하게 파괴되어 이후 800년이 지난 지금도 황폐한 땅으로 남아 있다. 도로 공사를 계기로 벽면이 발견되어 발굴된 출토품이 박물관에 전시되어 있다.

왕에게 선물을 바치는 사람들을 그린 벽화에는 중국인의 얼굴과 복장을 한 사람이 그려져 있다. 전문가에 따르면, 7세기의 복장이라고 한다. 일본의 나라 시대보다도 이전에 중국에서 중앙아시아까지 아득히 멀리서 외교 사절이 오갔다는 이야기다.

또 하나의 벽화는 코끼리를 선두로 말과 낙타에 선물을 실어 운반하는 사절단이다. 사절 의복에는 구부러진 2개의 뿔을 가진 산양 문양이 그려져 있다. 양 동체의 삼각형 모양과 발놀림에서 꼬리 형태까지 쇼소인에 소장된 양목납힐羊木臈纈 병풍 그림과 똑 닮았다. 원래는 사산조 페르시아, 즉 지금의 이란에 기원을 둔 디자인이라 한다. 실크로드를 거쳐 아득히 먼 일본에 찾아온 것이다.

거리의 모스크에 가 보니 방 하나를 민속 악기 전시장으로 꾸며 놓았다. 네모난 민속 모자를 쓴 살찐 악사가 여러 악기를 차례로 연주한다. 우선은 우즈베키스탄을 대표하는 현악기 두타르다. 서양 배 형태의 동체에 1m나 되는 가늘고 긴 막대가 붙어 있다. 통은 뽕나무에, 현은 명주실이다. 그야말로 실크로드에 어울린다. 기타와 샤미센을 섞은 듯한 음색이다. 철제 고리로 현을 튕기는 탄부르라는 사현 악기는 쓰가루 샤미센과 똑같은 음색을 낸다. 루바브라는 오현 악기는 동체 위에 양뿔 같은 돌기가 붙어 있다. 뽕나무에 물고기 껍질을 댄 것이다. 뽕은 명주를 토하는 누에의 먹이일 뿐 아니라 악기에도 활용되고 있다.

모스크 벽에는 청색 바탕에 흰색으로 당초 문양이 그려져 있다. 묵었던 호텔의 테이블클로스는 금색의 당초 문양이었다. 창 커튼은 담쟁이덩굴 잎이 늘어진 문양이다. 쇼소인의 거울이나 호류지法隆寺의 기와 등에서 보이는 당초 문양이 떠올랐다.

제4절

소련으로부터의 자립

날라리 이슬람

사마르칸트 거리를 걷다 보면 신기한 느낌이 든다. 14세기의 오래된 모스크가 서 있고, 전통의상을 입은 중년 여성과 모던한 복장의 젊은 여성이 활보하는 등 중세와 현대가 혼재한다. 이슬람 사회라고 하면 온몸을 천으로 두르는 아프가니스탄의 부르카, 스카프로 머리카락을 감추는 이슬람의 히잡 등 여성이 신체를 숨기는 모습이 연상된다. 하지만 우즈베키스탄은 다르다.

젊은 여성은 일본이나 서구와 다름없는 옷차림이다. 팔과 다리가 드러난 붉은 꽃무늬 민소매 원피스를 입은 여성

*
모스크 앞에서 유유자적하는 일가.
=2016년 9월, 사마르칸트

들이 흔히 보인다. 여학생이나 사무직 여성 노동자들은 몸에 꼭 맞는 블라우스에 검은색 타이트스커트를 입었다. 이슬람 원리주의자라면 눈을 흘기며 화를 냈을 것이다.

한편 중년 여성의 복장은 전통의상이나 이를 현대적으로 변용한 것이 일반적이다. 전통의상에 붉은색이나 황색 등 산뜻한 색채로 화살 깃 모양이 새겨져 있다. 넉넉한 원피스 아래는 통바지를 입었다. 일본의 토용이 입고 있는 옷과도 닮았다. 머리에는 스카프를 썼다. 남성의 복장은 서구식이지만, 중년 남성은 머리에 네모난 민속 모자를 쓴다. 근대화 과정에 있는 것이다.

사마르칸트 시내에는 114개의 모스크가 있다고 한다. 이 중 러시아정교회가 5곳, 가톨릭교회가 2곳, 유대교 교회가 2곳이다. 압도적으로 이슬람교도가 많다. 국민의 8~9할이 수니파 이슬람교도다. 가이드 슌코르가 "저 같은 날라리 이슬람도 있을까요?"라며 웃는다. 아랍의 이슬람 국가에서는 금요일이 휴일이지만, 우즈베키스탄은 일요일이 휴일이다. 이슬람의 가르침에서 금하는 술도 마시고, 현지에서 많이 나는 포도로 와인을 담는 것은 물론, 지역 맥주까지 있다. 엄격한 원리주의 이슬람 국가에서 보면, 우즈베키스탄은 나라 전체가 슌코르의 말마따나 '날라리 이슬람'으로 보일지도 모른다.

거리에 와이너리가 있다. 1868년 창업해 4년 뒤 파리 국제품평회에서 금상과 은상을 수상한 노포다. 점내 박물관에는 아프라시압 언덕에서 출토된 와인 저장용 도기가 전시되어 있다. 샹들리에가 빛나는 입구 안쪽 거실 벽은 포도밭을 그린 벽화가 메우고 있다. 마차와 낙타가 포도를 운반한다. 타원형 테이블에는 레드와인, 화이트와인, 브랜디까

*
전통의상을 입은 노인 조형물

지 12종의 와인이 든 잔이 자리마다 놓여 있다. 시음용이다. 와인이 담긴 잔에서 진한 향기가 감돈다.

중국 당나라 시대 왕한王翰의 한시에 "아름다운 포도의 술, 밤빛의 잔"으로 시작되는 7언 절구가 있다. 서역에 가서 살아 돌아오지 못할 수도 있는 병사의 괴로운 마음을 노래한 시다. 그들이 마신 포도주가 이 계통이 아니었을까? 밤빛의 잔과 딱 어울리는 이미지의 물건이 쇼소인에 있다. 감류리배紺瑠璃杯라는 잔이다. 당나라 양귀비는 포도주를 감색 유리잔으로 마셨다고 하는데, 이 잔을 가리키는 것일지도 모른다.

이슬람권 국민 태반이 이슬람교도지만, 이 나라는 이슬람교의 영향이 약하다. 쓰쿠바대학 준교수 우즈베크인 티무르 다다바에프는 저서 『사회주의 이후의 우즈베키스탄』에서 "우즈베키스탄에서 종교는 개인적인 문제이며, 집단적으로 선택하는 게 아니라고 생각하는 세속주의가 깊이 뿌리내려 있다"고 지적한다. 소련 시대에 종교가 억압받았던 것도 영향을 미치고 있다. 당시는 종교의 자유가 없어서 모스크에 가는 것만으로도 차가운 시선을 받았다. 다만 오래전부터 존재한 신학교는 소련 시대에도 활기를 띠었다. 현재 관광의 핵심이 된 오래된 모스크도 1층이 신학교, 2층은 학생 기숙사로 쓰인다.

우즈베키스탄으로 독립한 뒤 종교는 자유화됐다. 기도하고 싶은 사람은 자유롭게 기도해도 된다. 그러나 강제해서는 안 되며, 무리한 포교 활동도 금지되어 있다. 정부는 이슬람국가(IS)를 인정하지 않는다. 소련에서 독립한 우즈베키스탄 정부가 가장 먼저 싸운 상대는 이슬람 원리주의였다. 소련이 붕괴하고 얼마 되지 않아 우즈베키스탄을 이슬람 원리주의 국가화하려는 세력이 동부 도시에서 자치구를 만들었다. 또한 수도에서 폭파 사건 등 테러가 일어났다. 이때 정부가 엄중히 단속하면서 대립이 심화했다.

2004년에는 우즈베키스탄 동부 안디잔에서 이슬람국가 수립을 호소하던 실업가들이 대량으로 체포됐다. 이듬해 이슬람 원리주의자들이 무장봉기해 경찰과 국군 기지를 습격하고 무기를 탈취해 시청을 점거했다. 정부는 반란을 무력으로 진압했다. 정부는 점점 이슬람 원리주의자들에 대한 감시의 눈초리를 게을리 하지 않게 되었다. 이로 인해 이슬람교는 더욱 시민의 생활에서 멀어지게 된다.

결혼식에도 자유로이 참가

민속의상 패션쇼를 보았다. 전통음악 선율에 맞춰 눈부시게 화려하고 넉넉한 의상을 몸에 걸친 여성들이 등장했다. 걷는다기보다 춤추는 것처럼 보인다. 일본의 아악雅樂이 떠올랐다.

서기 752년 도다이지東大寺에서의 대불개안大佛開眼[*] 공양

---

[*] [역주] 불상을 만들 때 최후에 행하는 의식.

이래 지금도 궁중 등에서 연주되는 것이 아악이다. 현대의 구로다부시黒田節⊙와도 이어지는 에텐라쿠越天楽 등의 곡에 맞춰 가면을 쓰고 춤을 춘다. 높은 콧대에 턱수염을 기른 '스이코酔胡 왕'의 가면은 술에 취한 소그드인을 표현하는데, 지금 눈앞에서 소그드인의 후예가 춤추고 있다.

밤에 사마르칸트 거리를 걷는데 떠들썩한 음악소리가 들려왔다. 결혼식이다. 야외극장 무대에서 악단이 민속음악을 활기차게 연주하고 있다. 그 앞에서 신랑 신부가 손을 잡고 춤춘다. 신부는 새하얀 웨딩드레스를 입고, 신랑은 푸른 슈트 차림이다. 그들을 둘러싸는 형상으로 테이블이 늘어서 있고, 300명 정도가 앉아 진수성찬을 먹고 있다. 친척뿐 아니라 누구라도 자유롭게 참여할 수 있다고 해서 나도 무대 옆까지 가서 구경했다. 그들이 얼굴도 모르는 외국인을 환영해 준다.

이 사회는 여러 면에서 지극히 개방적이다. 카자흐스탄과 달리 시장에서 사진을 찍어도 불평을 듣지 않는다. 사람들도 웃는 얼굴로 다가온다. 편안한 분위기다. 전등이 적어

⊙ [역주] 후쿠오카현 후쿠오카시의 민요.

캄캄한데도 치안이 좋아 여성이 혼자 걸을 수 있을 정도다. 일본 정부가 발행한 '안전 안내'에는 테러 대책과 긴급 탈출 방법까지 쓰여 있었지만, 실제로는 아이들이 웃으면서 등하교하고 시장은 장바구니를 든 주부들로 붐빈다. 어디가 위험한지 고개를 갸웃하게 된다. '위험한 나라'라고 들었는데 위험하다는 실감이 전혀 나지 않는다. 10년 이상 전에 테러가 일어난 후 철저히 대처해 온 것으로 보인다.

아이들은 흰 셔츠에 넥타이를 한 교복을 입는다. 여자아이는 머리에 리본을 달았다. 4년제 초등학교부터 5년제 중학교, 그리고 3년제 고등학교까지 12년 동안이 의무교육이다. 요즘은 급식비를 제외하고 모두 무료다. 대학 진학률이 70~80%로 높은데, 국가 예산의 40%를 교육에 쓰고 있다고 한다. 게다가 의료비도 무료다. 들었던 것보다 훨씬 좋은 나라라는 생각이 들었다.

다만 여성의 사회 진출 면에서는 뒤떨어져 있다. 여성이 밖에서 일하지 않는 편이 좋다는 생각이 상식인 듯하다. 남성이 경제권을 쥐고 있어서 물건 구매도 남성이 맡는 가정이 많다고 한다. 즉 여성은 집 밖으로 나가지 말라는 것이다. 이 근저에는 가족의 리더는 남성 가장 한 사람으로 충분하며, 리더가 둘인 것은 있을 수 없다는 생각이 있다. 그것이 국가의 정치 무대에서도 '독재자'를 낳는 토양으로 이어진 듯하다.

'독재자'의 실상

사마르칸트 북동쪽 언덕은 시민 묘지다. 벼랑 위에 목조 테라스를 설치한 모스크가 서 있다. 급사한 이슬람 카리모프 대통령도 여기에 매장되어 있다. 추모객들이 모스크로 통하는 언덕길을 줄줄이 오르고 있다. 나도 따라가 보았다. 모스크 정원에 가로세로 1m의 대통령 영정을 설치하고 주변에 흰 장미꽃을 둘렀다. 주변에는 병사들이 경비를 서고 있다. 정면에 이슬람 사제 셋이 앉아 기도를 준비한다. 영정 옆에 놓인 30여 개의 의자에 참례하는 시민들이 걸터앉는다. 나도 함께 앉았다. 바로 그때 기도가 시작됐다. 사제가 새된 목소리로 기도문을 선창한다. 주변 사람들은 머리를 숙인 자세로 양손을 어깨높이까지 들고 있다. 5분 정도의 기도가 끝나자 다들 양손으로 얼굴을 어루만진다. 장례는 4일 전에 치러졌지만, 그 뒤에도 추모객들이 기도할 기회를 마련한 것이다.

1991년 소련 붕괴로 우즈베키스탄공화국이 독립했지만, 카리모프 대통령은 사회주의공화국 시절부터 대통령이었다. 정적을 용서 없이 숙청해 야당 지도자들이 망명을 강요당하거나 행방불명되기도 했다. 강권체제를 유지하기 위해 치안당국이 시민을 감시했다고도 들었다. 하지만 현지에 와 보니 다른 면이 보였다. 일본에서 구한 자료에는 "나무보다 경찰관 수가 더 많다"고 쓰여 있었지만, 경찰의 모습은 애써 찾지 않는 한 눈에 띄지 않는다. 들었던 이야기와 달랐다.

지역 언론 〈자라프샨 가제타〉의 기자 나비에프 나키브에게 이 나라 실정에 대해 들었다. 그가 우선 강조한 것은 "우리나라는 다민족 국가이고, 우즈베키스탄인은 동양인이기도 하다"는 것이다. 그런 이유로 "확실한 리더 한 사람을 따르는 동양적 민족성이 있다"고 했다. 나아가 "인근의 아프가니스탄이나 키르기스스탄 등과 달리 우즈베키스탄은 전쟁 없이 평화롭게 살아왔다"고 자랑한다.

소련 시대 모스크바 중앙정부는 우즈베키스탄에 목화재배의 모노컬처 경제를 강요했다. 생산물은 그대로 모스크바로 보내졌다. 나키브는 "그러던 어느 날 갑자기 독립이 결정됐어요. 다른 나라들은 어떻게 경제를 운용하는지 전혀 모르던 우리로서는 어안이 벙벙할 수밖에 없었죠. 게다가 이듬해 터키와 한국 기업이 들어와서는 '강탈 경제'를 했고요. 카리모프 대통령은 일본과 싱가포르의 경제 성장을 배우고, 1996년에는 자국에 맞는 경제 발전을 위해 우즈베키스탄 모델을 도출해 냈습니다"라고 덧붙였다.

거리를 달리는 차는 쉐보레 마크를 붙인 것이 많다. 모두 국산이다. 정부는 잽싸게 진출한 한국의 대우와 합병해 자동차 생산을 시작했지만, 대우가 GM 산하로 들어가자 GM 우즈베키스탄에서 쉐보레 브랜드로 차를 생산하게 되었다. 이 나라는 중앙아시아 유일의 자동차 생산국이다. 자동차뿐만 아니라 전자기기나 전통 면화도 수출하고 있다. "2000년대에 들어 겨우 미래가 보이기 시작했어요"라고 나키브가 말했다.

최근 5~6년간 국내총생산이 매년 7~8%의 높은 수준으로 성장하고 있다. 이 때문에 생활수준도 빠르게 향상됐다. 안심하고 아이를 낳아 기를 수 있게 된 것이다. 1988년 1600만 명이던 인구는 그 배인 3200만 명으로 늘었다. 빈곤

층이 중산층이 되고, 지금은 국민의 8할이 중산층이다. 큰 돈은 없지만, 극단적으로 가난한 사람도 없다. 예전의 자차 소유 비율은 열 가구에 한 대꼴이었으나, 지금은 가구당 한두 대다.

나키브는 "중국이 철도 건설에서 모든 프로젝트를 독차지하려고 했어요. 우리가 감당할 수 없는 터널은 그들에게 맡겼지만, 레일 부설 등 우리 힘으로 가능한 건 우리 손으로 했죠"라고 말했다. 소련 시대에는 일하든 일하지 않든 같은 급여를 받았고, 노동자는 지시받은 일을 할 뿐이었다. 지금은 일을 잘하면 그만큼 급여를 많이 받을 수 있어 자발적으로 일한다. 스스로 자신들의 삶의 방식을 결정할 수 있다. 다시 말해 국민도 국가도 자립한 것이다.

그때 가이드 슌코르가 스마트폰을 조작해 화면을 보여줬다. 소련 시대와 지금을 비교하는 구소련제국 국민 대상 여론조사 결과가 그래프로 정리되어 있었다. 조사를 실시한 것은 러시아 미디어 〈스푸트니크〉다. "지금보다 소련 시대가 좋았다"라고 생각하는 사람은 우즈베키스탄의 경우 4%밖에 없었다. 구소련제국을 보면 우즈베키스탄 외 모든 나라에서는 과반수가 "소련 시대가 좋았다"라고 답한다.

카자흐스탄에서는 61%나 된다. 즉 태반의 국민이 소련으로부터의 독립을 후회하는 가운데, 독립해 좋다고 평가하는 것은 우즈베키스탄뿐이다. 독립 이후 소국으로서의 경제적 어려움을 보여주는 동시에 이 곤란을 뛰어넘는 데 우즈베키스탄만이 유일하게 성공하고 있음을 말해 준다.

이 과정에서 "우리 아이들은 우리보다 강하고 현명하게 자라야 한다"를 슬로건으로 자립을 주도한 것이 경제학자 출신의 카리모프 대통령이었다. "카리모프가 독재자로 불리는 것을 어떻게 생각합니까?"라고 단도직입적으로 물었다. 나키브는 조금 곤란한 표정을 짓더니 "확실히 정치적 자세는 엄격했어요. 하지만 이라크나 시리아 등과 비교해 그가 제대로 다스리는 걸 보면 좋았다고 평가해요. 국민은 그를 독재자라고 생각하지 않아요. 국민의 86~90%가 지지하죠"라고 답했다.

어쩐지 카리모프가 싱가포르의 리콴유 같은 존재처럼 느껴진다. '사회주의'체제의 지도자라기보다 개발도상국에서 흔히 보이는 개발독재에 가깝다. "가장 잔혹한 독재자"로 불리는 것은 우즈베키스탄 국민 입장에서는 의외인 듯하다. 독재자로 불리는 이유에 대해 나키브는 미국의 음

모론을 말했다. 아프가니스탄전쟁을 위해 정부가 미군에 기지를 제공했지만, 미국은 카리모프정권이 반대파를 탄압한다고 비판했다. 우즈베키스탄 정부는 2005년 일어난 테러사건 배후가 미국이 아닌지 의심했다. 이 때문에 미군 기지를 쫓아내자 미국이 카리모프를 '독재자'라고 비판했다는 것이다.

하지만 민주주의 발전이 뒤떨어진 것도 사실이다. 신문에 검열은 없느냐고 물으니 나키브가 "검열제도는 없다"라고 답했다. 하지만 어감은 왠지 신문사 내부에서 자체적으로 규제하고 있다는 것처럼 들렸다. 정당이 4개 있지만, 모두 정부에 협력하는 여당계다. 민주주의가 성장하기에는 꽤 시간이 걸릴 듯하다.

그런데 대통령의 사인은 무엇일까? 슌코르의 말에 따르면, 브라질 리우데자네이루에서 열린 올림픽이 원인이라고 한다. 리우 올림픽에서 우즈베키스탄 선수들은 전례 없는 성과를 올렸다. 획득한 메달 수가 세계 21위였다. 구소련제국 중에서는 러시아 다음이며, 중앙아시아에서는 물론 1위다. 복싱은 금메달이었다. 너무 기쁜 나머지 대통령의 혈압이 250까지 올라 급성 뇌출혈을 일으켰다는 것이다.

향년 78세, 인생의 3분의 1을 국가의 톱으로서 보내고, 국민 태반의 지지를 얻는 성공을 거두며 기쁨의 절정에서 삶의 끝을 맞이했으니 숙원을 이룬 것이리라. 다만 유일한 리더를 갑자기 잃은 나라는 이제 어떻게 될까?

제5절

실크로드

세계에서 가장 오래된 피의 성전

사마르칸트에서 버스를 타고 수도 타슈켄트로 향했다. 길가의 포플러 나무들이 눈에 띄지만, 뽕나무도 많다. 누에를 치는 농가가 꽤 있다고 한다. 흰 면이 빽빽이 찬 목화밭을 지나자 사과 과수원이 나왔다. 나무가 예쁘고 고르게 심겨 있다. 운하에서 물을 끌어다 사막을 밭으로 이룬 것이다. 식량 자급률이 거의 100%라는 것도 납득이 간다. 무척 근면한 국민성이다.

도중에 "물이 풍부한 큰 강"을 의미하는 시르다리야를 건넜다. 그리고 우즈베키스탄 남쪽의 국경을 흐르는 것이 아무다리야로, "변덕스러운 큰 강"이라는 의미다. 토막 때문에 강바닥이 메워져 흐름이 부단히 바뀌기 때문이다. 두 개의 강은 모두 아랄해로 흘러든다. 그러나 목화 재배에 쓰기 위해 강에서 대량의 물을 끌어온 탓에 아랄해로 흘러가는 물이 줄어들면서 이제 아랄해는 예전의 5분의 1 정도로 축소됐다. 그 때문에 20세기 최대의 환경 파괴로 일컬어지기도 한다. 자연환경을 생각하지 않고 경제 발전을 향해 돌진한 결과다.

소련 시대부터 있었던 제도로 인해 이 나라 국토는 민간이 아닌 국가 소유다. 시민이 밭을 갈거나 집을 지으려면 정부로부터 토지를 빌려야 한다. 재산은 옛 일본처럼 장남이 물려받는 게 아니라 막내에게 상속된다. 유목민의 전통적인 상속 방식이다.

버스를 타면 수도까지 5시간이 걸린다. 깔끔한 포장도로라 달리기 좋다. 일본어를 잘하는 가이드 슌코르에게 일본과의 인연을 물었다. 그가 일본을 처음 접한 것은 대학 시절이다. 경제학부 학생이었을 당시 외국어로 일본어를 선택했다. 영화 〈쇼군〉을 보며 다다미나 집의 구조 등 신비한 세계에 반했기 때문이다. 일본 외무성이 주최한 일본어 변

론대회에 참가해 "휴머니티와 평화"를 주제로 발표했다. 일본이 마음에 들어 오사카 대학원에서 일본어를 배우고, 일본 기업에 취직해 영업 사원으로 일했다.

이야기를 듣던 중 수도에 도착했다. 가로등에 검은 리본이 나부끼고 있다. 타계한 대통령의 상장이다. 거리 중심부에는 이 땅을 수도로 장대한 제국을 만든 영웅 티무르의 기마상이 서 있다. 거리 이곳저곳에 그를 그려 놓은 간판이 즐비하다.

세계에서 가장 오래된 코란이 진열된 코란도서관을 찾았다. 펼치면 좌우 양면으로 폭 1m가 넘고 두께가 20㎝나 되는 두꺼운 책이 유리 케이스에 장식되어 있다. 338페이지의 이 책은 사슴 가죽에 먹으로 쓰였다. 당시까지 코란은 입에서 입으로 전해졌는데, 잘못 전해질 것을 염려한 이슬람교의 지도자 칼리프가 7세기에 여섯 권의 코란을 손수 지었다. 그중 네 권이 남았으나 완벽한 모습을 유지하는 것은 이 한 권뿐이다. 티무르가 14세기 시리아 다마스쿠스에서 여기로 가져왔다고 한다. 그 일부는 피로 물들어 있다. 칼리프가 이것을 읽다가 자객에게 단도로 공격을 당했기 때문이다. 이 때문에 "피로 물든 성전"이라고 불린다.

장엄한 만듦새의 역사박물관을 찾았다. 전시의 핵심은 간다라 불상이다. 서기 1~3세기 쿠샨 왕조의 것으로, 높이 75㎝의 흰 돌로 된 조각이다. 붓다가 좌선하고, 양쪽에서 두 승려가 지키고 있다. 이 발굴과 연구에 공헌한 것이 민속고고학자 가토 규조[*]다.

시베리아 억류자들이 세운 극장

가토 규조가 실크로드를 연구한 계기는 일본군에 징집되어 전후 시베리아에 억류된 경험이다. 시베리아 억류 사건과 맞물려 일본과 우즈베키스탄을 연결하는 건물이 타슈켄트 중심부에 있다. 나보이극장이라는 오페라 · 발레 공연장이다. 1947년에 완성된 이 극장은 시베리아에서 이곳으로 이송된 일본군 병사들에 의해 완성됐다.

분수 광장 앞에 위엄 있는 벽돌 건물이 서 있다. 1500명이나 수용 가능한 멋진 극장이다. 매표소에 이날의 상연 목

---

* [역주] 경북 칠곡 출신으로, 한국 이름은 이구조. 2016년 9월 세상을 떠나기 전 자신의 연구 자료를 경북대학교에 기증했다.

록이 적혀 있다. 차이콥스키의 "백조의 호수"와 베르디의 "라 트라비아타"다. 입장료는 일본 엔으로 1000엔 정도. 평균 월수입이 4~5만 엔인 이 나라 시민에게는 꽤 높은 금액이다.

건물 벽에는 플레이트가 끼워져 있다. 우즈베크어, 일본어, 영어로 "1945년부터 1946년에 걸쳐 극동에서 강제 이송된 수백 명의 일본인이 알리셰르 나보이의 이름을 딴 극장 건설에 참여, 완성에 공헌했다"라고 새겨져 있다. 영문을 읽으면서 알리셰르 나보이라는 시인의 이름에서 극장명을 따왔다는 사실을 알게 되었다. 시베리아에 억류된 병사 중 5000명이 이 극장 건설에 동원됐다. 외벽의 벽돌쌓기나 미장, 전기공사, 내장 등도 했다고 한다. 병사들이 참가한 것은 마무리 작업뿐이었다는 말도 있다. 1966년 대지진으로 타슈켄트의 많은 건물이 파괴됐을 때도 이 극장은 피해가 거의 없었다.

공사 중에 목숨을 잃은 사람들도 있다. 교외의 야카사라이 묘지에 가 보니 한 모퉁이에 일본인 묘지가 있고, 79명의 병사가 묻혀 있다. 세로 1m, 가로 60㎝의 네모난 콘크리트판에 "교토 스나노 히로시", "아오모리 오가와 와타루"

*
일본인 묘지를 지키는 호지로프. =2016년 9월, 타슈켄트

등 출신지와 성명이 새겨져 있다.

묘지 비석에 의하면, 시베리아 억류 병사 중 2만6000명이 우즈베키스탄에 연행되어 왔다고 한다. 극장에서 일한 사람은 극히 일부였던 것이다. 그들은 수도뿐 아니라 우즈베키스탄 각지로 보내져 댐 건설 등에 동원됐다. 묘지 주변을 둘러싼 석벽에는 우즈베키스탄 어느 도시에서 몇 명의 병사가 죽었는지 적혀 있다. 죽은 사람이 800명을 넘는다. 전투에서 살아남았지만, 귀국하지 못하고 목숨을 잃은 이

들의 원통함을 떠올렸다.

묘지에는 비석이 두 개 서 있다. "영원한 평화와 우호의 맹세 비"는 1995년, "영원한 평화와 우호와 부전不戰의 맹세 비"는 1990년 날짜로 되어 있다. 두 개 모두 후쿠시마현 출신이 중심이 되어 건립했다. 3대째 이 묘지를 지키는 묘지기가 있다. 호지로프 호람이다. 할아버지 호지로타가 병사를 매장하고, 아버지 무로도프가 뒤를 이었으며, 현재는 손자 호지로프가 청소와 관리를 하고 있다. 감사한 일이다.

교토의 유리, 이슬람 과격파의 테러

고고학 발굴조사를 했던 가토는 내가 우즈베키스탄을 방문했을 때도 불교 유적 발굴조사를 하러 왔다. 당시 94세의 고령이던 그는 한창 작업하던 도중 쓰러져 내가 귀국한 이틀 뒤에 세상을 떠났다. 남부의 테르메즈 병원에서였다고 한다. 테르메즈는 가토가 우즈베키스탄 역사박물관의 최대 볼거리인 쿠샨 왕조 시대의 불상을 발굴한 장소다. 죽음 직전까지 집념을 안고 발굴에 매달린 것이다. 가토는 65세에 고고학을 시작해 죽을 때까지 30여 년에 걸쳐 실크로드 연구에 매진했다.

자극의 밀도가 진했던 실크로드 여행으로부터 돌아온 뒤 나라국립박물관에서 제58회 쇼소인 전시가 열려 소장품 가운데 64건의 보물이 공개됐다. 호류지에 가 보니 기와에 당초 무늬가 새겨져 있다. 단풍으로 유명한 교토의 고묘지光明寺・루리코인瑠璃光院에는 짙은 감색에 반짝이는 커다란 유리석이 장식되어 있다. 아프가니스탄산의 라피스 라줄리다. 유리는 라피스 라줄리의 산크리스트어를 한자로 번역한 폐류리吠瑠璃의 줄임말이다.

불상을 안치한 방에는 "실크로드 순례의 여행 쿠마라지바鳩摩羅什 삼장법사 1600년"이라고 쓴 글자 아래 사진이 늘어서 있다. 쿠마라지바 삼장법사는 실크로드의 오아시스 국가였던 쿠샤 출신으로, 인도에서 중국에 불교를 전한 고승이다. 방대한 경전을 인도어에서 중국어로 번역했다. "색즉시공 공즉시색色卽示空空卽示色"으로 유명한 반야심경도 그중 하나다. 삼장법사라고 하면 『서유기』의 모델이 된 현장이 유명하지만, 경문을 번역한 승려는 모두 삼장법사라 불린다. 전시회 사진은 쿠마라지바 타계 1600년을 기해 고묘지 주지 등이 그 족적을 더듬어 실크로드 순례 여행을 떠났을 때의 것들이다. 쿠샤에서 둔황을 거쳐 예전의 장안이던 서안까지 3000km를 여행했다고 한다.

그런데 독재자로 불린 카리모프 대통령 사망 이후의 우즈베키스탄은 어떻게 됐을까? 후임자를 정하는 대통령선거는 2016년 12월에 치러졌다. 89%의 압도적 득표율로 당선된 이는 대통령 대행을 맡고 있던 샤브카트 미르지요예프다. 그는 카리모프 노선의 승계를 표명했다.

2017년 벽두에는 우즈베키스탄 관련 뉴스가 세계를 흔들었다. 1월 1일 터키 이스탄불의 고급 나이트클럽에서 난사 사건이 일어나 39명이 살해됐다. IS가 범행 성명을 냈는데, 테러 범인이 우즈베크인이었다. 카리모프가 대통령이었을 때 이슬람 원리주의자들의 힘을 억눌렀지만, 우즈베키스칸 동부의 페르가나 분지는 아직 구소련제국 이슬람 부흥운동의 중심지다. 열성 이슬람교도가 많고, IS에 공명하는 과격파도 있다. 2016년 8월 이웃나라 키르기스스탄의 수도 비슈케크의 중국대사관을 노린 자폭 테러 사건 용의자도 페르가나 출신의 우즈베크인이다. 우즈베키스탄은 앞으로도 악몽에 시달리게 될 것이다.

실크로드의 전체를 보면, 현재 중국이 '일대일로一帶一路'

건설을 내걸고 있다. '일대'는 옛 실크로드의 초원길과 오아시스길이며, '일로'는 남해 길이다. 구 실크로드에 자리 잡고 있는 나라들을 끌어넣어 중국을 중심으로 한 세계 경제권을 구축하려는 것이다. 역사는 살아 있다.

Ⅳ장

싸우는 공작孔雀, 미얀마는 지금

제1절

닫힌 나라

폐쇄사회로부터의 개방

미얀마에 가기로 했다. 미얀마는 가까운 동남아시아에 있지만, 오랫동안 상황이 거의 전해지지 않았다. 황금의 파고다(불탑)가 솟아 있는 불교 국가로, 아웅산 수치와 시민들이 민주화를 요구하며 군사정권과 싸웠다는 정도가 알려졌을 뿐이다.

그밖에 과거를 거슬러 올라가 보면, 전쟁 중 무능한 지휘관 아래서 일본군 병사 다수가 아사한 임팔전투나 제2차 세계대전 당시 징집된 젊은이들을 그린 다케야마 미치오의 소설 『버마의 하프』 정도가 떠오른다. 마약이 만들어지는 '황금의 삼각지대'도 유명하지만, 일반인이 관광하러 갈 만한 장소가 아니어서 애초에 비밀에 부쳐져 있다.

이처럼 알려지지 않은 데는 이유가 있다. 이 나라는 거의 최근까지 닫힌 나라였다. 군사 독재 정권이 반세기 이상이나 외국인 입국을 엄격히 제한했다. 그게 변화한 것이 1988년이다. 민주화를 요구하는 사람들이 총파업을 했는데, 그때 혜성같이 등장한 인물이 수치다.

그 시절 나는 〈아사히신문〉이 발행하기 시작한 주간지 『AERA』의 기자로서 이 나라의 군사 독재 정치에 대해 "뇌물, 비밀경찰, 강권을 방치하는 광기의 정치"라는 제목의 기사를 썼다. 군사정권이 기자 입국을 인정하지 않았기에 현지에 들어가지 못하고 도쿄에서 미얀마 수도에 사는 시민에게 국제전화를 걸어 취재했다.

"국민의 90%가 체제 타도를 부르짖고 있습니다", "경찰은 시민에게 뭇매를 맞는 게 두려워 가두에 모습을 보이지 않습니다", "시민들이 지역마다 자경단을 조직하고 바리케이드를 쌓아 올립니다. 민주화 열기가 고조되고 있습니다" 같은 말들이 들려왔다. 말하는 도중에 갑자기 전화가 끊기고 "부" 하는 경고음이 10초마다 들려왔다. 다시 전화를 거니 상대가 "비밀경찰이 도청하고 있습니다"라고 했다. 신경이 쓰여 "가능한 범위에서만 답해주셔도 됩니다"라고 하자 "괜찮습니다"라며 군사정권의 무도함, 불공정한 사회 고발을 이어갔다. 독재 권력이 붕괴하고 있음을 시민들이 피부로 느끼고 있었던 것이다.

동료 기자는 수치와 전화 인터뷰를 했다. 수치는 "이상적인 나라를 실현하기 위해 국민이 제게 국가 지도자가 되기를 바란다면, 저는 그 요망을 받아들이겠습니다"라고 명확하게 말했다.

버마식 사회주의

비행기 안에서 미얀마의 전후 흐름을 복습했다. 이 나라는 1948년 영국에서 독립한 뒤 온건한 사회주의정권이 들어섰다. 그러나 공산당의 무장봉기, 소수민족 반란, 나아가 중국의 국민당 군대 침입까지 발생해 내전 상태가 되었다. 심한 혼란 가운데 1962년 쿠데타가 일어나 실권을 쥔 것이 네윈 대장이다. 그는 의회제 민주주의를 부정하고 '버마식 사회주의'라는 특이한 정치체제를 구축했다. 사회주의를 간판에 내건 군사 독재로, 지금의 북한과 닮았다.

미디어를 전부 검열하는 극단적인 군사 관리 체제이며, 외국 자본을 배제하고 국유화해 거의 모든 기업이 정부 소유가 되었다. 경영에 무지한 퇴역 군인이 낙하산 인사로 국영공사 사장이 되어 멋대로 명령을 내렸다. 이로 인해 경제가 혼란해지고, 오래전 "동남아시아에서 가장 부유한 나라"로 불렸던 미얀마는 최빈국으로 전락했다.

네 윈은 자신을 대신할 만한 고급장교 2000명을 사임시키고, '넘버 2'가 될 만한 인물을 차례차례 실각시켰다. 정부에 거스르는 시민은 투옥했다. 반발한 학생이 학생회관에서 농성을 벌이자 회관 자체를 폭파해 수십 명을 학살했다. '테러 방지법'을 제정해 평화 시위를 한 학생도 사형에 처했다. 그렇게 자신의 의견을 자유롭게 말할 수 없는 독재국가가 완성됐다. 국외로 망명한 사람만 10만 명에 달한다. 쇄국 상태가 되어 반세기에 걸쳐 세계로부터 격리됐다.

군인들이 나라 이름도 바꿨다. 미얀마의 공식 영어 명칭은 "버마Burma"로, 네덜란드어로는 "Birma"로 표기했다. 일본에서는 메이지 시대 초기부터 네덜란드어에 근거해 버마라고 불렀다. 그런데 군사정권이 1989년에 돌연 국명을 미얀마로 바꿨다. 수도인 랑군도 양곤이 됐다. 나아가 2006년에는 수도를 내륙의 군용지 네피도로 옮겼다. 버마도 미얀마도, 랑군도 양곤도 원래는 같은 말이다. 옛날부터 격식을 차린 문서에서는 국명을 미얀마라 부르고, 구어로는 바마(버마)라 불렀다. 말하자면 일본을 니혼이라고 부르거나 닛폰이라고 부르는 정도의 차이에 지나지 않았다. 영국으로부터 독립하기 1년 전에 제정된 헌법은 국명을 미얀마연방이라 명기한다. 그러나 일반적으로는 버마라는 이름으로 불렸다.

1988년 대규모 민주화운동 당시 국군이 쿠데타를 일으켜 독재자 네 윈을 퇴진시켰다. 과도정권이 대외적인 호칭을 버마에서 미얀마로 바꾼 것이다. 위엄을 갖추기 위해서였을 것이다. 게다가 당시 수도 랑군의 호칭이 영국 식민지 시대의 표기라면서 현지 발음에 가까운 양곤으로 바꿨다. 민족주의의 표출이었다. 민주주의를 요구하는 사람들은 군부가 멋대로 이름을 바꾼 것에 반발해 지금도 국명을 버마라고 부른다.

민주화 운동 선두에 섰던 수치는 정확하게는 아웅 산 수치다. 이 모든 것이 한 사람의 이름이다. 한 마디 한 마디에 의미가 있는데, 아웅(승리), 산(바라다), 수(모이다), 치(맑다) 등을 가리킨다. 미얀마에서는 사람 이름에 성 없이 이름만을 쓴다. 앞부분의 아웅산은 부친의 이름이다. 이 나라를 영국으로부터 독립으로 이끌어 오늘날까지도 '위대한 영웅'이라 일컬어지는 아버지 이름을 딴 것이다. 보통은 나머지 절반인 '수치'만 이름으로 부른다.

그녀를 역사 무대에 등장시킨 것이 바로 1988년 민주화 행동이다. 비슷한 시기 한국이 군사 독재로부터 민주화됐고, 2년 전에는 필리핀에서 독재 정권을 타도하는 시민혁명이 일어났다. 이런 움직임에 촉발해 같은 해 8월 8일 민주화를 요구하는 학생들을 지지하는 형태로 국민적 시위가 일어났다. 강권 지배에 대한 최초의 대규모 반발이었다.

수치는 당시까지 정치적으로 무명이었다. 젊은 시절에는 영국 옥스퍼드대학에서 철학과 정치학을 공부하고, 영국인 티베트 연구자와 결혼해 영국에 살고 있었다. 마침 위독하던 모친의 간병을 위해 미얀마에 귀국해 있을 즈음 민주화 운동에 직면하고, 50만 명의 시민 앞에서 연설했다. 늠름한 자세에 단정한 외모, 풍부한 지식, 민주주의에 대한 강한 의지, 그리고 민족의 영웅 아웅산의 딸이라는 매력적인 자질을 모두 갖고 있던 까닭에 일약 민주화의 상징이 되어 시민의 정당으로 발족한 국민민주연맹NLD 서기장에 취임했다.

그로부터 2년 뒤 1990년 총선거에서 수치가 이끄는 NLD가 압승했다. 그런데도 군사정권은 선거 결과에 아랑곳없이 수치를 자택에 연금하고 반정부파 시민을 체포하고 억압했다. 이에 국제 사회가 수치를 응원했고, 1991년에는 그녀에게 노벨평화상이 수여됐다.

2007년에는 승려 등 10만 명이 민주화를 요구하는 시위에 나섰다. 노란색 가사 법복의 색깔 때문에 샤프란혁명이라고 불린다. 경찰은 있는 힘을 다해 탄압했다. 사진가 나가이 겐지가 경찰에게 사살된 것도 이때다. 2008년 군사정권하에서 신헌법이 승인되고, 2010년에는 20년 만에 총선거가 실시됐다. NLD가 선거를 보이콧했기 때문에 군사정권의 우익정당이 승리했다.

민주화를 요구하는 국내외 목소리를 끝내 버티지 못한 군사정권이 민정에 정부를 이관한 것은 2011년의 일이다. 군인 출신의 테인 세인이 대통령이 되었다. 2015년 재차 총선거가 치러졌는데, 이번에는 NLD가 압승했다. 군사정권의 억지 탓에 수치가 대통령이 되지 못했지만, 측근인 틴

초가 2016년 3월 대통령에 취임했다. 1962년 쿠데타로 닫혔던 나라의 문이 54년 만에 열린 것이다.

제2절

다른 세계

인도와 중국 사이에서

공항에 마중 나온 통역 남성 이름은 탄다인소다. '탄'은 '철鐵', '다인'은 '판判', '소'는 '치治'를 의미한다고 하니 '텟판지鉄判治' 정도의 이름이 되려나. 부모님이 옛 스승에게 부탁해 받은 이름이라고 한다. 그가 미얀마 인사말을 가르쳐 줬다. "'밍글라바'입니다. 아침, 점심, 저녁 이거면 모두 OK입니다"라고 했다. '밍글라'는 '행복', '바'는 '입니다'라는 의미다.

미얀마라는 국명의 유래도 알려 줬다. '미얀'은 '빠른', '마'는 '강한'을 나타낸다고 한다. 전쟁이 일어나면 빠르고 강하다는 뜻으로, 미얀마인의 선조가 기마 민족이었음을 의미한다. 양곤의 '양'은 '싸움'이며, '곤'은 '끝'이다. 전 국토가 통일되어 싸움이 끝났다는 상징으로 이 이름을 붙였다.

탄은 스커트처럼 생긴 하의를 입고 있었다. 론지라는 민속의상으로, 통으로 된 한 장의 천을 허리에 접어 마는 스커트다. 남성도 여성도 론지를 입지만, 입는 방식이 다르다. 남성은 천의 단을 몸 앞쪽으로 찔러 넣는데, 그때 단 부분이 둥근 형상으로 밖에 나온다. 여성은 천의 선에 따라 깔끔하게 접는다. 천을 감는 것 외에 후크 같은 건 없다. 풀리는 일은 없느냐고 묻자 탄은 "있습니다. 그럴 땐 큰일이죠"라며 웃는다. 하지만 익숙해지면 묶는 법이 간단해서 뛰어도 풀리지 않는다고 한다. 론지는 인도의 랩스커트에서 기원한다. 다만 인도의 것은 롱스커트인데, 미얀마로 들어오면서 단이 짧아졌다.

미얀마의 상의는 중국 의상의 영향이 강하다. 미얀마는 지리적으로 인도와 중국의 중간에 있다. 문화적으로도 양쪽에서 비슷하게 영향을 받았다. 남성은 정장을 차려입을 때 머리에 터번을 두른다. 이것도 인도에서 전해졌다. 동글동글한 애벌레처럼 보이는 미얀마어 글자도 남인도가 기원이다.

미얀마에는 우기와 건기가 있다. 우기는 5월 하순에서 10월 중순까지, 건기는 10월 하순에서 2월까지다. 그 사이 3월에서 5월 중순까지를 서기暑期, 더운 시기라 부른다. 1년 중 가장 더운 시기라는 것이다. 정오가 조금 지나자 양곤 거리의 기온이 41도였다. 건조해서 찌는 더위가 느껴지지는 않지만, 햇볕이 매우 강렬하다. 시장에서 물건을 파는 여성이 가게를 보는 것도 잊고 녹초가 된 채 가로누워 낮잠을 자고 있다.

번화가의 시청 앞 시 중심부 교차점 한가운데에 금색 파고다가 솟아 있다. 강렬한 햇빛을 받아 눈부시게 반짝이는 술레 파고다다. 주변에는 시계점, 잡화점 등 일용품을 파는 작은 가게들이 늘어서 있다. 눈앞을 달리는 버스에 "나가노 200카46"이라는 등록번호가 쓰여 있다. 일본에서 중고차를 수입해 시민의 발로 이용한다. 아이들은 그림엽서를 손에 들고 팔러 다닌다.

시청 앞에 '물 축제'를 위한 관람석이 설치되어 있다. 4월 중순은 쾌청한 옛 설날이고, 1년 중 가장 활기차다. 거리를 지나는 사람들에게 누구나 물을 끼얹어 지난해의 때를 씻어 내며 신년을 맞는다. 2016년 음력 설날에는 역사적인 민주화 시대를 맞이하는 기쁨도 더해졌다.

번화가 북쪽에 황금빛의 좀 더 큰 파고다가 보인다. 이 나라에서 가장 큰 불탑으로, 쉐다곤 파고다다. 수치는 이 파고다 앞에서 1988년 50만 명의 시민에게 연설했다. 승강기를 타고 올라가게 되어 있는 곳이 입구다. 신발과 양말을 벗고 맨발이 된다. 주변에 벗어 놓은 신발들로 가득했다. 신발장은 없지만, 훔쳐 가는 사람은 없다고 한다.

건물 밖으로 나오니 눈앞에 높이 99m의 파고다가 솟아 있다. 이 형상은 법복을 펼치고 있는 붓다의 모습을 표현한 것이다. 8688매의 금박이 붙어 있는데, 더러는 떨어져서 바람에 날리기도 한다. 그것을 발견한 사람은 곧장 제자리에 가져다 놓으며, 결코 모른척하지 않는다고 한다. 탑 꼭대기에는 76캐럿의 다이아몬드를 비롯해 루비와 비취 등 보석이 잔뜩 박혀 있다.

파고다 주변은 석조 회랑이다. 걸어서 한 바퀴 돌아 봤다. 주변이 400m를 넘는다고 하니 육상 경기장 트랙보다 긴 거리다. 평일 저녁인데도 많은 사람이 돌바닥에 앉아 양손을 모으고 기도 중이다. 몸을 앞으로 숙여 온몸으로 기도하는

*

쉐다곤 파고다를 향해 기도하는 사람들.
=2016년 3월, 양곤

사람도 있다. 진지한 표정, 뜨거운 신앙심이 일본인은 비할 바 아니다. 시계 방향으로 돌게 되어 있어서 흐름을 거스르지 않는 한 순조롭게 앞으로 나아갈 수 있다. 그렇다고 해도 앞뒤가 온통 참배하러 온 사람들이다. 러시아워 같은 인파여서 잘 살피지 않으면 동행을 놓치기 일쑤다.

거대한 파고다 주변에는 몇 개의 작은 파고다가 있고, 동서남북의 면에 큰 불상이 있다. 그중 하나가 우리가 아는 석가모니다. 도를 깨달은 사람을 붓다라고 하는데, 붓다는 석가를 포함해 4명 있었다고 한다. 여기에 다섯 번째가 곧 나타날 것이라고 사람들은 기대한다. 장수를 기원하는 것도 다섯 번째 붓다를 만나고 싶어서다. 석가가 다섯이나 된다니, 부처도 알 리 없다 같은 농담을 할 분위기가 아니다. 다들 진지하다.

계율뿐인 불교

이 나라 불교는 일본의 불교와 무척 다르다. 석가가 사망하자 불교를 둘러싼 사고방식의 대립이 일어나 교단이 분열했다. 석가와 가까운 상좌에 앉던 보수적인 장로들은 계율을 중시해서 기도하는 자만이 깨달음의 경지에 도달한다고 생각했다. 상좌 사람들의 생각이므로 이를 상좌부 불교라 한다. 인도에서 스리랑카, 나아가 바다를 통해 미얀마, 캄보디아 등에 전해졌다.

반면 말석에 앉았던 진보적인 젊은이들은 널리 대중을 구원하는 것이 중요하다고 생각해 기도뿐만 아니라 사회적 실천을 중시했다. 많은 사람이 탈 수 있는 탈것에 비유해 대승불교라 한다. 인도로부터 중국, 한국을 거쳐 일본에 전래됐다. 대승불교의 반대어로 종종 소승불교를 언급하지만, 이는 대승불교 쪽에서 상좌 불교를 비판하는 용어이니 굳이 쓸 필요는 없다.

상좌 불교가 일반적인 미얀마에서는 일반 시민도 살생, 도둑질, 사음邪淫, 거짓말, 음주를 하지 않는다는 오계를 지켜야 한다. 이 나라 남성은 인생에서 적어도 한 번은 득도해 승려가 된다. 12~13세가 되면 머리를 깎고 사미沙弥라 불리는 견습 승려가 되어 십계를 지킨다. 앞의 오계에 더해 향수나 장신구를 쓰지 않고, 노래와 음악을 감상하지 않으며, 호화로운 침구에서 자지 않고, 돈이나 보석 등을 소지하지 않는다고 맹세한다.

이 내용을 접한 나는 쓴웃음을 짓고 말았다. 앞서 언급한 다케야마 미치오의 소설 『버마의 하프』가 떠올라서였다. 제2차 세계대전 중 징집됐다가 미얀마에서 포로가 된 젊은이들을 다룬 이 소설에서 그중 한 사람이 승려가 되어 하프를 들고 걷는다. 그것이 작품의 제목이 되기도 했거니와 여러 번 영화화됐다. 하프는 활 모양으로 굽은 장식이 달린 독특한 형태를 하고 있다. 승려와 하프의 조합이 어딘가 진기하기도 해서 강하게 인상에 남았다. 그러나 미얀마 계율에 따르면, 승려는 악기를 가까이할 수 없다. 따라서 스스로 하프를 든다는 일은 있을 수 없다.

또 이 소설에서는 승려가 된 병사가 전사한 동료의 유골을 수습하지만, 상좌 불교에서는 인간이 죽어 혼이 떠나간 유해는 그저 빈껍데기로 해석한다. 뼈는 말하자면 쓰레기처럼 취급되기에 그것을 수습한다는 발상도 없다. 그래서 일반 가정에는 묘도 불단도 존재하지 않는다. 『버마의 하프』가 집필된 것은 전쟁이 끝난 지 얼마 안 된 시기일 테니 다케야마 미치오가 오해한 것도 무리는 아니다. 하지만 종교에 민감한 미얀마 사람들은 자신들의 종교가 제대로 이해되지 않은 데 유감을 느낀다.

승려의 생활은 기도가 중심이다. 아침은 탁발하는데, 발우를 손에 들고 서민의 집을 20~40군데 돈다. 사람들은 먹을 것을 준비하고 승려가 오기를 기다린다. 승려의 발우에 먹을 것을 집어넣으면 공덕을 행하는 것이 되어 죽은 뒤 극락에 갈 수 있다고 믿기에 기꺼이 승려를 맞는다. 발우에 들어가는 음식은 쌀밥이나 채소가 주를 이루지만, 고기나 생선, 계란도 있다. 받은 것은 남김없이 먹어야 해서 꽤 힘들다고 한다. 승려는 정오 이후에는 아무것도 입에 댈 수 없기 때문에 오전 중에 충분히 배를 채운다. 출가도 쉽지는 않은 것이다. 본격적으로 승려가 되면 지켜야 할 계율이 227개나 된다. 그러니 어중간한 마음으로 출가할 수 없다.

아침 이른 시간에 거리를 걸으니 연지색 가사를 몸에 걸친 승려가 검은 발우를 들고 일렬로 줄지어 탁발하며 지나간다. 발우에 음식을 집어넣으며 절하는 시민들이 하나같이 마치 불상을 앞에 둔 듯한 표정이다.

제3절

민주화의 기대와 불씨

조심스레 기대하는 시민들

수치가 어린 시절을 보낸 집을 찾아갔다. 부친 아웅산 장군의 사저다. 일본대사관과 독일대사관이 있는 고대 식민지 시대 건축 양식의 2층 저택이 서 있다. 정원에서 밭을 가는 동상은 당시 아웅산의 모습이다. 장군이 되면서부터 휴일이면 밭일을 했다. 2층 아이 방에는 두 살이던 수치가 자던 침대가 놓여 있다. 1층의 식당 겸 부엌에는 "콩자반을 좀 더 먹고 싶은데…"라고 적힌 종이가 있다. 아웅산의 자필이다. 손님과 식사 도중 말을 꺼내지 않고 몰래 메모했다가 아내에게 부탁한 것이라 한다.

미얀마 여성들의 강인함은 정평이 나 있다. 남녀차별이 거의 없고, 교육, 직업과 임금, 상속 등에서 다른 나라보다 남녀평등이 관철되어 있다. 수치가 지도자로서 인정받을 수 있었던 배경에도 이런 풍토가 있었을 것이다.

응접실에는 인도의 네루 총리로부터 받은 카드가 장식되어 있다. 영국에 가던 중 인도에 들른 아웅산에게 네루가 "그런 차림으로 영국에 가면 추울 것"이라며 자신의 코트를 선물했다. 유리로 된 케이스에는 아웅산의 전기가 전시되어 있다. 그는 학생 시절 영국으로부터의 독립을 지향하며 '우리 버마인 연맹'을 결성했다. 이 나라의 주인(타킨)은 우리라고 주장하며 서로의 이름에 "타킨"을 붙여 호칭했기에 타킨당이라고도 불렸다.

또한 독립의용군을 결성해 제2차 세계대전 중에는 일본군과 더불어 영국군을 상대로 싸웠다. 하지만 일본군이 독립 약속을 무시하고 미얀마를 군사 지배하자 이번에는 일본군과 싸웠다. 그렇게 간신히 독립을 쟁취한 직후 정적에게 암살된 비극의 영웅이자, 단정한 생김새 속에 강한 의지를 품고 있는 인물이다.

길모퉁이를 돌아서니 서점이 있다. 가게 앞 책 광고에 수치의 전기와 에세이 등이 몇 개나 늘어서 있다. 곁에는 "몰락한 독재자"라는 광고도 있다. 하나같이 지금까지 군사정권 지도자를 비꼬는 배열이다. "몰락한 독재자" 중에는 히틀러, 스탈린, 마오쩌둥과 더불어 도조 히데키도 있다.

수치의 얼굴이 새겨진 티셔츠를 판다는 이야기를 듣고 번화가 셔츠 도매 상가에 가 봤지만, 늘어선 가게들 가운데 실제로 물건을 파는 곳은 얼마 되지 않았다. 붉은 바탕 셔츠의 등 부분에 검은 색으로 수치의 얼굴이 프린트되어 있다. 정면에는 흰색 별과 황색 공작이 그려져 있다. 수치가 이끄는 NLD의 심벌마크다. 점포 앞에는 12개의 수치 사진이 실린 거대한 캘린더가 걸려 있다. 점주는 "파는 물건이 아니"라고 했지만, 무리해서 값을 치르고 양도받았다.

큰길가에 있는 수치의 자택에 가 보았다. 이전에는 군사정권이 거리를 봉쇄하고 접근할 수 없도록 했다. 지금은 문 앞까지 갈 수 있고, 군과 경찰의 감시도 없다. 잘하면 본인을 만날 수 있을지 모른다고 생각했지만, 수치는 수도에 가서 부재중이었다. 닫힌 문 앞에는 수치의 아버지 아웅산 장군의 젊은 시절 초상화가 걸려 있다. 무척 조용한 분위기다. 가끔 외국인 관광객 몇몇이 대문 사이로 안을 들여다보는 정도다.

역사적인 정치 변화를 목전에 두고 있건만 거리는 놀랄 만큼 평온하다. 다른 나라라면 민주화를 앞두고 거리로 몰려가거나 포스터가 내걸리겠지만, 그럴싸한 것들이 전혀 없다. 시민들의 표정도 평소와 다르지 않다. 불교국가의 평온한 국민성에 더해 오랜 세월 이어온 군사정권이 마음의 누름돌이 되어 감정을 자유롭게 표현하는 습관을 잃어버린 것일지도 모른다.

거리 레스토랑에서 점심식사로 이 나라 명물 모힝가를 먹었다. 메기 등의 생선으로 낸 육수에 감칠맛이 돈다. 맵지 않은 소고기 카레나 망고 샐러드, 찻잎으로 만든 채소 절임까지 뜨거운 날씨 때문인지 더 맛있게 느껴진다. 미얀마 맥주도 산뜻하고 목 넘김이 좋다.

같은 테이블에 앉은 48세의 운수성 공무원이 "저는 정부에서 일하지만, 개인적으로 군사정권에 반대합니다. 그리고 새 정권의 탄생에 행복을 느껴요. 우리나라는 이제부터 시작이에요. 다 함께 노력하면 발전할 수 있어요. 지금은 아시아에서 최저 수준이어도 장래에는 훌륭한 나라가 될 거라는 자신이 있습니다"라며 희망찬 표정을 지었다. 행동으로 직접 나타내지는 않지만, 마음속으로 많은 국민이 그렇게 생각하는 것이다.

민주주의라고 하면 빼놓을 수 없는 것이 언론의 자유다. 미얀마 저널리스트협회 본부를 찾았다. 간부 아운투 미얏과 아운투 라에 따르면, 협회 설립일은 2012년 8월이다. 두 저널리스트가 주도해 조직했는데, 이제는 1000명이 넘는 회원이 있다. 전국에 11개 지부가 있고, 2013년에는 동남아시아 저널리스트 유니언에 가입했다.

여성 중앙집행위원 루라소가 자신이 편집장을 맡고 있는 주간지 「국민의 시대」를 보여 주며 "아직 100% 언론의 자유는 아니에요. 그래도 4년 전에는 사전검열제도를 폐지시켰죠. 반세기나 군에서 경영하는 국영신문밖에 없던 나라에서 3년 전 민간 일간지가 6개 창간했어요. 지금도 군에 불리한 기사를 쓰면 불이익을 받지만, 앞으로 언론이 더 자유로워질 거라 기대합니다"라고 말했다. 실제로 새 정권의 정보장관으로 취임한 페민은 아라칸 소수민족 출신의 저명한 작가인데, 취임사에서 "저널리스트들과 힘을 합쳐 언론의 자유 확립을 강력하게 추진한다"라고 강조했다.

그러나 루라소는 새로운 정부에 기대하는 것에서 멈추

지 않는다. "지금보다는 자유로워질 거라 믿습니다. 하지만 아무리 정부가 바뀐다 해도 그것만으로 언론이 자유로워지는 건 아니에요. 우리 저널리스트가 스스로 요구하고 자유롭게 발언할 수 있는 언론의 자유를 쟁취해야 해요. 지난주에도 기자 자택에 폭탄이 날아드는 등 언론인의 안전이 보장되지 않는 상태인데, 언론의 자유는 주장하지 않으면 좋아지지 않습니다"라며 저널리스트의 노력을 강조했다. 혹독한 억압을 극복하려는 강한 각오가 엿보였다.

민주화의 주역

평화롭고 조용한 거리에서 유일하게 어수선한 흥분에 휩싸인 곳이 새 정권을 맡은 NLD 본부였다. "응? 여기가…?" 라고 생각할 만큼 검소하다. 2층 건물에 거리로 나 있는 1층은 일면 작은 잡화점 느낌이다. 이제는 일국의 정권을 담당하는 당이지만, 극히 최근까지 정부에 감시당하는 반정부파의 집합소에 지나지 않았다. 입구 가까이에는 당 배지와 당기 등을 파는 유리 케이스가 놓여 있다. 안에는 테이블이 있고, 플라스틱 의자 몇 개가 투박하게 놓여 있을 뿐이다.

간신히 정당 사무실임을 알게 해 주는 것이 벽면의 전시다. 아웅산 수치와 아웅산 장군의 특대 초상 사진이 붙어 있다. 수치의 사진 주변은 붉은 바탕의 흰 별과 황색의 '싸우는 공작'이 새겨진 당 심벌마크가 둘러싸고 있다.

잠시 보고 있으려니 신축 중인 옆 건물로 들어오라는 전갈이 왔다. 콘크리트 6층 건물의 새 본부다. 공사 작업자가 분주하게 드나들고 있고, 올려다보니 5~6층에는 아직 창틀도 없다. 아래층도 내장 공사가 진행 중이지만, 완성을 기다릴 틈도 없이 서둘러 쓰고 있다.

사람들에게 떠밀리다시피 계단을 올라가니 4층 홀은 옅은 오렌지색 전통의상을 입은 100여 명의 당원으로 차 있다. 정면 무대에는 NLD 당기를 배경으로 최고 고문 틴 우 등 간부 5명이 모여 있다. 앞쪽에 의자가 죽 늘어서 있고, 각국 외교관이 앞줄에 진을 쳤다. 나는 그 뒤 2열에 앉았다. 눈앞에 중국대사관에서 온 꽃다발이 장식되어 있다. 국군기념일 기념집회가 막 열리려던 참이다.

민주주의의 당인 NLD가 국군의 기념일을 축하하는 데는 이유가 있다. 이날은 제2차 세계대전 중에 아웅산 장군

*

NLD 본부에서 열린 국군기념일 집회.
=2016년 3월, 양곤

이 이끌던 버마군이 일본군을 상대로 무장봉기한 날이다. 국군은 온 국민의 것이며, 창설자인 아웅산의 유지를 잇는 것은 지금의 군부가 아닌 NLD라고 자부하는 것이다.

우선 전원이 일어나 아웅산 장군 등 독립을 위해 싸우다 전사한 분들을 위해 묵념했다. 틴 우가 연단으로 나왔다. "새 정권으로 나라를 이끌어갈 태세는 이미 갖춰졌습니다. 이제 선거로 선택받은 국민에 의한, 국민의 정부를 가진, 진정 행복한 나라가 될 겁니다. 모든 국민이 화해하는 평화와 민주주의 나라로 발전시킵시다. 71년 전 국군은 한 줌 사람들의 이익을 위해서가 아닌 온 국민을 위해 싸웠습니다. 아직 완벽한 민주주의는 아니지만, 국민 전체의 민주주의를 위해, 민주적인 국가를 만들기 위해 힘을 모읍시다"라고 소리 높여 선언했다.

뒤이어 중앙집행위원회의 성명이 낭독됐다. "군은 자국민을 억압하기 위한 존재가 아니며, 시민에게 무기를 겨누며 힘을 과시하는 존재도 아니라고 아웅산 장군이 말했다. 우리는 국군에게 국민의 요구를 채워 줄 것을 요구한다. 독립의 지도자는 우리나라를 민주주의 국가로 건설했다. 정치 문제에 관여할 수 있는 것은 (군인이 아니라) 정치가뿐이다. '정치는 정치가에게, 국민의 안전은 군에게'라는 본분을 이해해야 한다." 지금도 힘을 쥐고 있는 군에 대해 문민통제에 따르도록 쐐기를 박는 내용이다.

사실 같은 시간에 수도 네피도에서는 국군이 독자적으로 군사 퍼레이드를 했다. 전차, 보병, 특수부대 등이 행진한 뒤 민 아웅 흘라잉 총사령관이 "우리 국군이 국정에서 지도적인 역할을 수행할 것"이라고 단언했다. 즉 일단 민정으로 돌아갔지만, 질서가 어지러워지면 군이 다시 쿠데타를 일으켜 실권을 쥐겠다는 선언이다.

NLD 정치가들의 표정이 굳어 있고, 국민이 민주화를 순수하게 기뻐하지 않는 배경에는 이러한 군부의 중압이 있다. 진즉부터 거리가 너무나 조용해 이상하다고 생각했는데, 이로써 이유를 알 수 있었다. 군이 아직 강력한 권력을 쥐고 있기에 언제 쿠데타가 재발할지 알 수 없는 불씨를 안고 있기 때문이었다.

2층 회의실에서 NLD의 보도 담당 라 민을 인터뷰했다. 아름다운 '라', 달 '민', 즉 '아름다운 달美月'이라는 뜻의 이름이다. 그의 얼굴에 화상 상처가 또렷이 남아 있다. 경력을 들으니 끔찍한 전쟁의 삶을 살아왔음을 알 수 있었다. 그는 1988년 학생 민주화 운동에 참여해 NLD 창설 멤버의 하나가 되었다. 1990년 총선거에서 지방 의원으로 선출됐지만, 선거 결과를 무시한 군사정권에 체포되어 7년간 투옥됐다. 당시 어땠는지 물으니 "교도소로 소풍을 간 건 아니니까요" 정도로 언급하며 말을 아꼈다. 어지간히 혹독한 처사를 당한 모양이다. 불교도라서 감방에서도 명상을 했다고 한다. 매서운 얼굴로 그렇게 말하더니 "지금은 바빠서 명상할 여유도 없지만"이라며 웃는다. 강함과 유머 감각을 동시에 갖추고 있다.

신생 미얀마를 어떤 나라로 만들고 싶은지 묻자 "소수민족도 같은 권리를 누리는 연방민주주의 국가를 확립할 겁니다. 지금은 개발도상국이지만, 경제적으로 세계 나라들과 어깨를 나란히 하고 싶습니다. 내전 상태에서 가장 많은 곤란을 겪는 소수민족의 기층 민중에게 이익이 되도록 성의 있는 대화를 추진하겠습니다"라며 힘주어 답했다.

생각처럼 쉽지는 않을 것이다. 군사정권이 2008년 제정한 헌법 때문에 새 정권은 손발이 묶인 상태다. 국회 의석의 4분의 1이 처음부터 군인에게 할당되어 있다. "지금의 헌법은 우리가 찬성한 헌법이 아닙니다. 물론 개정할 겁니다"라고 라 민이 잘라 말했다. 하지만 개혁을 서두르면 군부가 잠자코 있지 않을 것이다. "당분간은 참을성이 필요해요. 서서히, 그러나 빨리 해내겠습니다"라며 신중한 모습을 보였다.

새 정권이 무엇에 힘을 쏟는지에 대해서는 "지금까지 국가 예산에서 군사비가 가장 많은 비중을 차지했고, 반대로 가장 적은 비중을 차지했던 게 교육과 복지 예산입니다. 사원에서의 교육에 기대어 초등학교도 좀처럼 세우지 않았죠. 앞으로는 군사비를 줄이고 전국에 새로운 학교를 세우겠습니다"라며 우선 교육부터 강화한다는 방침을 강조했다.

주변에 정권의 손발이 될 청년들이 있어서 의견을 물었다. 바로 대답한 것은 청년부 여성 대표 자 지 미(32세)다. 북부 소수민족인 카친족 출신인 그녀는 "소수민족의 권한을 확실히 보장하는 나라가 필요합니다"라고 말했다. 소수민족 관련 화제가 많이 나온다. 민주주의의 문제는 국군뿐만이 아니었던 것이다.

제4절

개혁을 막는 자들과 젊은이들

다민족 국가

미얀마 중부에 파간이라는 고도가 있다. 11세기부터 13세기에 걸쳐 번영한 파간 왕조의 수도였던 지역으로, 일본으로 치면 교토에 해당한다. 유유히 흐르는 이라와디강을 따라 2217개의 오래된 연와조 사원과 파고다가 옛 모습 그대로 숲을 이루고 있다. 캄보디아 앙코르와트, 인도네시아 보로부두르와 더불어 세계 3대 불교 유적의 하나로 꼽힌다.

파고다 숲에 들어서니 1000년 전 세워진 파고다 옆에 기념품 가게가 늘어서 있고, 그 앞에 이상한 사람이 있다. 목에 금속 고리를 겹겹이 끼운 그녀는 미얀마 동부 카야주에

*
세계 3대 불교 유적 거리의 벽화.

사는 파다웅족 여성이다. 여성이 목에 놋쇠 고리를 끼워 목을 길게 늘이는 풍습 때문에 "수장족首長族"이라 불려왔다. 그들은 어릴 적부터 성장에 따라 목에 끼우는 놋쇠 고리를 한 개씩 늘린다. 이 때문에 기린처럼 목이 길어진다. 실은 목 자체가 길어지는 것이 아니라 금속 고리 무게 때문에 쇄골이 압박을 받아 어깨가 무너지는 것이다. 그곳에 4명의 여성이 있었는데, 고리 수가 가장 많은 여성은 21개나 됐다.

그들은 가게 앞에서 베틀을 돌려 완성한 베를 그 자리에서 팔고 있었다. 관광객을 상대로 돈벌이에 나선 것이다. 목에 거는 놋쇠 고리도 가게에서 팔고 있었다. 손으로 받아드니 묵직하다. 이것을 몇 개나, 그것도 평생 끼우고 있으면 그 무거움이 얼마나 견디기 힘들까. 목의 고리가 많을수록 미인이라지만, 발을 묶어 걷지 못하게 만들던 중국의 옛 풍습인 전족과 마찬가지로 본인에게는 괴롭기만 할 것이다.

미얀마에는 135개 소수민족이 있다. 크게 구분해도 8대 민족이 산다. 이 중 주요한 민족이 버마족이다. 이 나라에는 7주 7관구가 있는데, 민족마다 주가 나뉜다. 동부의 샨주에는 샨족이 산다. 샨은 이웃나라 타이의 옛 이름인 샴과 통한다. 즉 타이인에 가까운 사람들이다.

북부 산악지대 카친주에 사는 카친족은 화전을 일구고 수렵해서 생활을 꾸린다. 주가 다르면 민족도 다르고, 하나의 주 안에도 다민족이 산다. 미얀마는 하나의 국가지만, 실태는 다민족의 합중국 또는 합주국인 것이다. 민족마다 언어도 풍습도 다른 까닭에 정치가 힘들다. 생활이 너무나 다르기에 소수민족은 강력한 자치를 주장해 왔다. 그뿐만 아니라 카친족은 독립을 요구하며 독립군을 조직해 정부군과 내전을 벌이고 있다. 소수민족 대책이 새 정권에게 가장 큰 과제인 것이다.

미얀마인의 선조는 티베트계 유목민이었다고 한다. 히말라야산맥 북쪽에 살다가 선주민족의 쇠퇴를 틈타 남하해 지금의 토지로 이주했다. 역대 세 왕국이 있었는데, 최초의 제1왕국이 파간을 수도로 한 파간 왕조다. 상좌 불교를 받아들여 수많은 파고다를 지었다. 마르코 폴로의 『동방견문록』에는 원나라 기병군단과 면緬나라 코끼리군단이 싸웠다는 내용이 기록되어 있다. 면은 미얀마를 가리키며, 코끼리군단으로 싸우다 멸망한 것이 제1왕조다. 즉 원구元寇에 의해 멸망한 것이다. 그 후 샨족이 일시적으로 지배했고, 그 뒤 따웅우 왕조가 지배하다가 뒤이어 꼰바웅 왕조가 소수민족인 몬족을 격파하고 나라를 통일했다. 몬족은 캄보디아 크메르인과 민족적으로 가깝다. 미얀마 역사 자체가 버마족과 소수민족과의 싸움이었던 것이다.

여기에 한술 더 떠 민족 분쟁의 불씨를 심은 것이 영국의 식민지 정책이다. 영국은 1885년까지 세 번의 전쟁을 통해 미얀마를 식민지화했다. 영국이 미얀마를 통치하기 위해 이용한 방식이 악명 높은 분할통치다. 정치의 중추에는 영국인이 앉았지만, 버마민족을 관리하는 관사로는 기독교도 소수민족인 카렌족을 세웠다. 버마족은 카렌족보다 하등한 최하층의 입장에 놓였다. 버마족은 불만의 화살을 영국인보다 가까운 카렌족에게 겨눴다. 영국은 이렇게 버마족과 소수민족과의 대립을 교묘하게 이용했다. 미얀마가 영국으로부터 독립했을 때 이런 이유로 소수민족은 독립 또는 강력한 자치를 요구했다. 정부가 거부하자 거세게 항전하면서 내전이 일어났다. 내전은 전후 영국으로부터 독립한 직후부터 60년 이상 이어지고 있다. 그에 따라 군부의 힘이 강력해져 군사 독재나 쿠데타의 원인이 되기도 했다.

수치가 이끄는 민주파 정권은 대화를 통한 소수민족과의 화해를 지향하지만, 군부는 무력에 의한 반정부 무장세력의 철저한 섬멸을 주장한다. 오랜 세월에 걸쳐 적대하며 싸워온 만큼 군부의 방침을 바꾸기는 쉽지 않다. 여기에 기름을 부은 것이 최근의 로힝야 문제다. 미얀마 서부 라카인주에 사는 이슬람계 소수민족 로힝야족이 불교도의 박해로 난민이 되어 방글라데시나 말레이시아 등으로 대거 탈출하는 국제 문제가 벌어졌다. 이렇듯 정부에게 소수민족 문제는 손을 놓아 버리고 싶을 만큼 머리 아픈 난제다.

지금도 존재하는 서당

미얀마에는 의무교육 제도가 존재하지만, 과거 군사정권은 교육보다 군사를 우선시해 학교를 충분히 마련할 수 없었다. 국가의 제도적 미흡함뿐만 아니라 가난 때문에 학교에 다닐 수 없는 아이도 많다. 양곤 거리를 걷다 보면 관광객에게 그림엽서를 파는 아이들 무리와 종종 마주친다. 양곤에서 만난 신정부의 보도 담당 라 민 역시 교육에 대해 언급하면서 "지금까지 우리는 사원의 교육에 기대왔다"고 인정했다. 여기서 "사원의 교육"이란 승려가 사는 사원이 수행하는 교육 기능을 가리키는 것으로, 일본으로 치면 서당이다. 일본의 서당은 중세 사원에서 교육했던 것이 그 기원이지만, 미얀마의 서당은 아직도 건재하다.

파간 거리에 있는 제타운 사원 교육센터에 가 보았다. 사원에 딸린 승려교육원이 학교를 겸하고 있다. 학생들은 남녀 모두 흰 셔츠에 전통의상 녹색 론지를 걸치고 있다. 전국적으로 공통된 미얀마 학생의 교복이다. 학생들은 사원 문으로 들어서면 샌들을 벗고 맨발이 된다. 사원 안에서는 흙을 밟더라도 이미 신성한 장소라는 것이다. 개중에는 오렌지색 가사를 어깨부터 늘어뜨린 소년승도 있다. 언제부

*
절 서당에서 공부하는 아이들. =2016년 3월, 파간

터 승려가 됐냐고 물으니 "사흘 전부터"라고 했다. "이거야말로 진짜 삼일스님[∞]"이라고 농담하고 싶었지만, 진지한 눈을 보니 입이 꾹 닫혔다.

이 교육센터는 10년 전인 2006년에 설립됐다. 처음에는 학생이 4명이었지만, 지금은 초 · 중학생 500여 명이 공부

∞ [역주] 三日坊主, '작심삼일'을 의미하는 일본어 표현.

하고 있다. 뜰 안쪽에는 야자수 잎으로 지붕을 덮은 오두막이 있다. 밑은 그냥 흙바닥인데, 최근까지 여기가 교실이었다. 지금은 2층짜리 콘크리트 건물이 교사校舍다. 아침에는 2층 강당에서 승려들이 설법을 하고, 모두가 딱딱한 바닥에 앉아 명상한다. 그 후 45분 수업이 오전에 네 번, 점심시간을 끼고 오후에 네 번 진행된다. 영국 식민지 경험이 있어 영어는 초등학교 1학년부터 배운다. "실은 한 학급당 25명 정원이지만, 그렇게 하면 교사를 많이 고용해야 하거든요. 자금이 없어서 60명이 한 학급을 이루고 있습니다"라고 교장스님이 말했다.

학생들은 밝다. 13세 여학생 중에는 전문 디자이너나 엔지니어가 되고 싶다는 아이도 있었다. 사흘 전 득도한 소년승은 "훌륭한 스님이 되고 싶어요"라며 수줍어했다. 부모에 대해 물으니 "어머니가 엄격하세요. 아버지는 늘 취해 있고요"라고 답하는 아이가 있어서 다 함께 웃었다. 어떤 가정이든 비슷한 상황인 듯하다. 동남아시아에서는 남성이 대낮부터 빈둥거리고, 여성은 분주히 일하는 모습을 자주 볼 수 있다. 여기도 마찬가지다.

눈앞에 있던 20여 명의 중학생에게 일본의 수도를 아느냐고 질문하자 손을 든 것은 5명뿐이었다. 손을 들 때는 집게손가락으로 하늘을 가리킨다. 석가가 "천상천하유아독존天上天下唯我獨尊"을 말할 때의 자세다. 일본에 대해 그 밖에 아는 것을 물으니 다들 서로 얼굴만 쳐다본다. 한 승려가 "소니, 닛산, 도요타…"라고 힌트를 주자 한 여학생이 손을 들고 "후지"라고 답한다. 대답은 더 나오지 않았다.

한편 한국에 대한 지식은 많다. 한국 TV방송을 무료로 볼 수 있어서 한류드라마를 즐겨 보기 때문이다. 하지만 일본 방송은 유료여서 볼 수가 없다. 그래서 일본 문화도 모른다. TV방송 정도는 무료화 해서 문화를 확산시켜도 좋지 않을까? 일본 노래를 소개해야겠다는 생각에 "행복하면 손뼉을 치자"를 불렀더니 아이들 표정이 밝아지면서 미얀마 말로 노래를 따라 부른다. 템포가 무척 느리지만, 동작은 일본과 같다. 어느 틈엔가 노래는 전해져 있었던 것이다.

교육센터 팸플릿을 보니 미얀마 속담이 적혀 있다. "두 척의 배에 동시에 타지 말라"는 것은 "두 마리 토끼를 쫓으면 한 마리도 얻을 수 없다"와 같은 의미다. "소귀에 하프"는 "말 귀에 염불"에 해당한다. 사고방식이 우리와도 무척 닮았다.

2014년 미얀마의 국세 조사에 따르면, 이 나라에서는 10~17세 170만 명 가운데 20%가 학교에 가지 못하고 일한다. 빈곤과 내전 때문이다. 전기가 들어오는 가정은 3분의 1에 지나지 않는다. 세계 최빈국이다 보니 쪼들릴 수밖에 없다.

이런 그들을 돕는 방법에 대해 힌트를 준 단체가 있다. 미얀마행 비행기에 함께 타고 있던 NPO 법인 '지구시민 ACT 가나가와 TPAK'의 치카다 마치코 대표와 대학생, 고교생 등 14명이다. 이번에는 스터디 투어로 왔지만, 이미 그들은 15년째 미얀마에 대한 교류와 원조를 이어오고 있다. 그중 4명은 도인桐蔭학원고등학교 인터랙트클럽 학생들이다. 바자나 가두모금으로 40여만 엔을 모아 TPAK 모금까지 합쳐 약 70만 엔을 미얀마 동부 산족 마을에 보육원 증축 자금으로 내놓았다. 보육원 건물이 완성되어 준공식에 참가하는 것이 이번 여행의 목적이다.

부장을 맡고 있는 오니자와 카츠야는 지난해에 이어 두 번째의 미얀마 방문이다. 이전 방문 때 대나무로 지어 아슬아슬해 보이는 보육원 건물에 충격을 받고 온 힘을 다해 모금 활동을 펼쳤다. 그 결과 100명을 수용할 수 있는 콘크리트 건물이 완성됐다. 오니자와는 “이제 아이들이 안심하고 공부할 수 있게 되어 기쁘다”면서 벅찬 소감을 말했다. 그들은 일본 그림책에 미얀마 말을 붙여 아이들에게 선물했다. 현지 고교생들과 교류회를 열어 서로의 나라에 대해 가르쳐 주기도 했다. 오니자와는 “대화를 나눈 미얀마 고교생 90%가 교사를 희망했습니다. 새로운 나라를 만들어가는데 공헌하고 싶다는 생각이 강하게 전해져 왔어요”라며 자신의 인생에도 좋은 자극이 되었다고 했다. 정부에 의한 원조도 필요하지만, 서로 얼굴을 마주하고 현실에 뿌리내리는 민간의 교육 분야 지원이 가장 효과적임을 실감했다.

제5절

공작의 투쟁

전쟁의 기록

불교 유적의 거리 파간에서 가장 높은 건물이 탓빈뉴 사원이다. 그 건너편 탓빈뉴 승원의 한 귀퉁이에 이 나라에 와서 사망한 일본인들의 진혼, 위령비가 쓸쓸히 서 있다. “진혼” 두 글자를 새긴 네모난 비석의 원주는 ‘큐弓 병단’의 전우회다. 옆에는 “큐 부대 전몰자 묘”라고 쓴 묘비가 서 있다.

제2차 세계대전 중 일본군은 32만 명 이상의 젊은이를 미얀마에 파병했다. 그중 살아서 고국으로 돌아온 사람이 약 13만 명으로, 3분의 2에 해당하는 19만여 명이 죽었다.

그것도 대다수가 전사가 아닌 병사, 게다가 아사다. 그중에서도 악명 높은 임팔전투는 백골의 산을 쌓았다. 이 작전 실행에 집착한 중장 무다구치 렌야는 다름 아닌 중일전쟁이 본격화한 계기인 루거우차오 사건에서 전투 명령을 내린 책임자다. 그런 그가 미얀마에서 무모한 작전을 지휘해 수많은 사망자를 낸 것이다. 그는 일본으로 돌아가 작전 실패 원인을 "부하의 무능" 탓으로 돌렸다. 무책임한 지휘관의 전형이다. 그가 이끄는 제15군 산하 제33사단은 미야기현 센다이시에서 편성됐다. '큐 병단' 혹은 '큐 부대'라고도 불렸다. 그 희생자를 위한 비가 이것이다.

미얀마와 일본군은 제2차 세계대전 당시 많은 접점이 있었다. 1937년 중일전쟁이 시작되자 당시 중국 장제스 정부를 지원하기 위해 영국은 식민지 미얀마에서 중국으로 물자를 옮겼다. 이 운송로를 원장援蔣루트라고 한다. 일본군은 이 길을 차단하는 동시에 영국에 타격을 주기 위해 독립운동을 하던 미얀마 사람들을 이용하려 했다.

참모본부 대좌 스즈키 게이지가 만든 미나미南 기관이 주목한 것이 영국으로부터의 독립운동을 주도하던 아웅산이다. 스즈키는 아웅산을 비롯한 '30인 지사'를 일본으로 불러 그들에게 무기를 주고 중국 남부 하이난海南 섬에서 군사 훈련을 시켰다. 영국군을 몰아낸 후 미얀마 독립을 약속했기에 아웅산 등은 독립의용군을 결성해 일본군과 함께 영국군을 상대로 싸웠다. 하지만 일본군은 약속을 깨고 미얀마를 군사 지배한다. 미얀마인들을 배반했던 것이다. 스즈키는 아웅산과 일본군 대본영 사이에서 곤란한 입장이 되어 본국으로 송환된다. 스즈키는 오스만제국으로부터 아랍 독립운동을 지휘한 '아라비아의 로렌스'를 흉내 내며 활동했다. 그런 이유로 미얀마인 중에서는 독립을 지지해 줬다면서 그를 기리는 이들까지 있다.

그러나 일본군의 미얀마 지배는 가혹했다. 타이와 미얀마를 잇는 태면泰緬 철도 부설에 미얀마 사람들을 동원해 강제노동을 시켰고, 그 결과 3~8만 명의 미얀마인이 목숨을 잃었다. "침목 한 개당 한 명이 죽었다"는 이야기까지 전해진다. 지금도 "잔학"을 의미하는 "긴페이타인(일본어 '켄페이타이인、헌병대원'이 어원. -옮긴이)"이라는 말이 미얀마에 남아 있을 정도다. 아웅산 등 독립의용군은 반파시스트 인민자유연맹을 조직해 일본군을 상대로 싸웠다. 그렇게 겨우 독립을 달성한 직후 아웅산은 정적에 의해 암살된다.

앞서 몇 번 언급한 다케야마 미치오의 소설 『버마의 하프』의 모델이 임팔전투에 참가한 제31사단 '레츠烈 병단' 58연대의 요시모토 부대吉本隊다. 음악학교 출신자의 지휘로 20명의 코러스가 조직되어 "노래하는 부대"라 불렸다. 포로수용소에서는 "올드 블랙 조" 같은 미국 노래도 불렀다. 대원 중에 다케야마 미치오의 제자가 있었다고 한다.

주인공 미즈시마의 모델은 군마현 출신의 승려 고故 나카무라 가즈오다. 승려 신분임에도 징집됐고, 미얀마 전장에서 전사자의 유골을 수습해 공양했다. 귀국 후에는 무샤 가즈오라는 필명으로 실록 『버마의 별하늘』을 저술하고 코러스 활동을 소개하기도 했다. 군마현 쇼와마을의 운쇼지雲昌寺에 가면 장남 신이치가 아버지의 궤적을 잇고 있다. 그는 "아버지는 평화란 고마운 것이며, 전쟁을 해선 안 된다고 늘 말씀하셨습니다"라고 술회한다. 나카무라는 전후에도 미얀마를 종종 방문해 희생자 위령탑을 세웠다. 또한 초등학교 설립에도 기여했다. 그 학교에서는 지금도 아이들이 나카무라 사진 앞에서 매일 합장한다고 한다.

전후 일본은 미얀마에 전시 배상과 정부개발원조ODA를 해 오고 있다. 군사정권 시대 서구에서는 인권 탄압을 이유로 미얀마에 대한 원조를 중단했지만, 일본은 심지어 군사 정권을 경제 지원했다. 당시 일본은 미얀마 원조 국가 중 선두를 차지했으며, 한때는 미얀마에 대한 원조의 80%가 일본으로부터 전해졌다. 하지만 일본에서 흘러들어온 자금은 군인 간부와 일본 기업의 호주머니를 채웠을 뿐이라고들 한다. 군사정권이 이렇게나 오래 지속된 것이 일본의 원조 때문이었다는 말까지 있다. 그러니 민주화 세력으로부터 일본의 평판이 좋을 수 없다. 2013년 일본을 방문한 수치는 "일본의 원조를 기대하지만, 국민을 염두에 준 원조를 해 주세요. 원조는 국가 권력을 위해서가 아닌, 국민을 향해 이뤄져야 합니다"라고 강조했다.

현재 기능 실습 명목으로 일본에 와 있는 미얀마 사람들이 꽤 많다. 그러나 실태는 외국인 노동자다. 저임금에 집단생활을 강요당하며, 더 좋은 조건의 일자리를 찾아 도망치는 사람이 줄을 잇는다. 나가노현에서 고원 채소 수확 작업에 종사하던 '기능실습생'이 도망친 사건과 관련해 관계자로부터 이런 이야기를 들었다. "중국인은 살던 방을 어질러 놓고 도망갑니다. 베트남인은 이불을 개어 놓고 도망가고요. 미얀마인은 청소한 뒤에 도망가죠." 미얀마인의 성실함과 정직함이 인상적이다.

군사정권의 탄압을 피해 일본으로 도망쳐 온 미얀마인도 있다. 그들이 민주화를 계기로 귀국하려는 움직임이 있다. 민주화 시대인 지금이야말로 일본이 미얀마인의 입장에서 새로운 나라를 만들어 가는 데 손을 빌려주어야 할 것이다.

앞으로 어떻게 될까

이라와디강은 천천히 흐른다. 어디가 상류인지, 아니 흐르고 있는지조차 모를 만큼 조용한 움직임이다. 강에 면한 고도 파간의 한구석에 민친토 마을이 있다. 파간은 지금으로부터 1000년 전 이 나라 최초 왕조의 수도로 번영했는데, 당시 모습을 오늘에 전해 주는 곳이 바로 이 마을이다.

붉은 지붕 집, 붉은 흙길을 지나는데 멀리서 '부웃' 하는 소리가 들린다. 소리가 나는 쪽으로 가 보니 행렬이 나타났다. 두 마리 흰 소가 끄는 달구지 10대가 한 줄로 마을을 천천히 걷고 있다. 어린 사내아이가 승려가 되는 득도식이다. 소는 어깨에 육봉이 솟은 흰 제부Zebu 종이다. 두 마리 흰

*
소달구지가 이끄는 득도식의 행렬. =2016년 3월, 파간

소의 머리와 등에 붉은색과 흰색 꽃장식이 달려 있다. 소가 끄는 달구지는 축제용 수레 같다. 금색 조각이 되어 있는 것도 있다. 짐차 좌석에는 금색과 자색의 눈부시게 아름다운 의상을 입은 어린아이가 앉아 있고, 옆자리 여성이 아이에게 양산을 받쳐 준다. 행렬이 향하는 곳은 사원이다. 아이는 머리를 깎고 견습 승려 사미가 된다. 다만 그들의 출가 시기는 1주일에서 2개월에 지나지 않는다. 그 기간이 지

나면 다시 원래 생활로 돌아간다. 득도식을 하는 사내아이는 보통 7~8세지만, 행렬 가운데 가장 어린 아이가 5세였다. 입고 있는 의상은 왕자의 옷차림을 흉내 낸 것이라 한다. 일본의 시치고산七伍三[⚭]에 해당하는 통과의례인 만큼 부모는 저금까지 털어 한껏 치장을 시킨다.

야자 잎으로 지붕을 덮은 집들이 보이는 부락에 들어서니 집밖에서 젊은 여성들이 베를 짜고 있다. 2층 건물의 잡화점 앞에서는 먹을 것과 옷감 외에 그림엽서 등의 기념품도 판다. 옆 토방에서는 91세 할머니가 돗자리에 앉아 특산품인 시가를 피우고 있다. 시가를 피우다 내려놓더니 물레를 돌려 실을 뽑아낸다. 이런 풍경을 보고 있으니 참으로 평화롭다. 사람들이 오랜 세월 이어 내려온 관습을 지키며 살아가고 있음이 느껴진다. 영원히 변하지 않으리라는 생각마저 든다.

하지만 가게 2층 발코니를 무심코 올려다보고 놀라지 않을 수 없었다. 미안마어와 영어로"국민민주연맹"이라 쓴

⚭ [역주] 아이 성장의 축하 행사. 남자아이는 3세와 5세, 여자아이는 3세와 7세 되는 해 11월 15일에 빔을 입고 마을을 지키는 신 따위에 참배하는 풍습.

핑크빛 간판이 걸려 있었기 때문이다. 여기는 아웅산 수치의 여당 지부 사무소이기도 했다. 처마에 붉은 횡단막과 더불어 수치와 아웅산 장군의 사진이 걸려 있다. 수치의 영향력이 이런 지방에까지 확실하게 미치고 있었다. 시간은 걸리겠지만, 이 나라는 착실하게 변화하고 있다.

신경 쓰이는 점은 새 정권의 실력에 비해 국민의 기대가 과대하다는 것이다. 새 정권의 재량은 한정적이다. 신선함을 느끼던 중에 눈에 보이는 성과가 안 나오면, 기대가 반발로 바뀔 것이다. 수치는 정권을 쥐기 3년 전 이미 "저는 마술사가 아닙니다"라고 말했다. 하지만 미얀마 국민은 그녀에게 실현 불가능한 꿈을 기대한다.

수치는 새 정권이 탄생하자마자 국가고문 겸 외무장관에 취임했다. 사실상의 국가 지도자다. 군사정권 시대에 만든 헌법은 수치가 대통령이 될 수 없도록 "외국적의 가족이 있으면 대통령이 될 수 없다"는 제한을 두었다. 수치가 영국인과 결혼했으며, 영국 국적을 가진 두 아이가 있다는 점을 겨냥한 것이다. 이에 수치와 새 정권이 머리를 짜내어 헌법의 다른 조문을 활용해 국가고문이라는 대통령을 넘어서는 새로운 직책을 만들어 냈다. 만만찮은 사람들이다.

수치는 "첫 100일 동안에 현저한 변화를"이라는 말로 관료들을 독려했다. 그 기간에도, 그 이후에도 누구보다 열정적으로 일했다. 외무장관으로서 주변국과 일본, 미국 등을 돌며 신생 미얀마에 대한 지지를 호소했으며, 국가고문으로서 모든 소수민족과의 화평을 지향하는 회의를 열었다. 군사정권 시절에는 정전협정에 응하지 않던 카친 독립군까지 포함해 20개 이상의 소수민족 무장조직 대부분이 참가했다. UN 사무총장도 출석해 국제적인 지원을 표명했다.

2016년 11월 일본 방문 당시 수치는 군사정권하에서 정한 헌법을 개정해 나라를 진정한 민주화로 이끌겠다는 의욕을 보였다. 그때 언급한 것이 "이제부터가 시작입니다"라는 말이다. 1945년 6월 19일생인 수치는 당시 71세였다.

일찍이 그녀는 이렇게 말했다. "90세, 100세까지 살았다고 충실한 인생을 보낸 건 아닙니다. 충실한 인생을 살아가려면 자기 이외 사람들의 바람을 이루기 위해 책임질 줄 아는 마음을 가져야 합니다." 수치가 이끄는 당의 심벌마크 '싸우는 공작'은 그녀 자신의 모습이기도 하다. 미얀마의 공작은 사람들의 바람을 한 몸에 지고 지난한 투쟁을 이어가고 있다.

맺음말

여행을 떠나고 싶다고 생각해 본 적이 있는가? 도망치기 위해서가 아닌 뭔가와 맞닥뜨리기 위한 여행을. 지적 호기심을 채우고, 내일의 나를 만들기 위해.

권력에 아첨하며 비굴하게 사는 것은 빈곤한 인생이다. 작더라도 자유롭고 늠름한 삶의 방식을 관철하고 싶다. 막다른 골목에 도달한 자신과 불만스러운 사회를 변화시키고 싶다. 하지만 어떻게 해야 좋을까? 생각을 거듭하며 어느 순간 산 저쪽이나 수평선 너머로 몸을 옮겨 보라. 지금까지의 상식을 뛰어넘은 세계가 신선한 충격을 전해 줄 것이다.

지금으로부터 40년 이상 전 학창 시절의 나는 미국과 유럽 등의 '대국'이 아닌, 전혀 이질적인 사회에 매혹됐다. 소련이라는 '대국'도 있었지만, 아무래도 수상쩍었다. 인간적인 사회를 지향하다가 '소국' 쿠바에 흥미를 느꼈다. 오지의 사탕수수밭에서 쿠바인들과 더불어 반년 가까이 사탕수수를 베었다.

다음은 동유럽이었다. 예정되어 있던 취직자리를 내팽개치고 루마니아로 날아갔다. 인생을 여행으로 보내는 '집시' 로마족을 좇는 유랑 여행이었다. 상상조차 못 한 삶의 방식을 접하고 TV나 신문에서 볼 수 없는 미지의 세계가 있음을 피부로 느꼈다. "한 군데에 머물면 정신이 썩는다"는 그들의 속담에도 공감했다.

그 연장선상에서 신문기자가 되어서도 세계를 여행했다. 중남미, 유럽, 미국의 특파원을 지내고, 주간지 『AERA』 기자로 아시아를 돌았다. 퇴직 후에는 프리저널리스트로서 지금까지 세계 78개국을 현지에서 취재했다. 기자의 눈으로 현지를 탐구하고 각지를 비교하다 보니 '대국'이라 불리는 나라보다 독자적인 가치관을 가지고 자립하는 '소국' 쪽이 인간도 나라도 빛나고 있음을 알았다.

생각해 보면 일본은 메이지 이후 오로지 '대국'만을 꿈꿔 왔다. 우선은 군사대국이 됐다가 무모한 전쟁에서 패했고, '초강대국'에 바짝 다가서 경제대국을 꿈꾸는가 싶더니 이내 군사대국으로의 회귀를 획책하고 있다. 그러다 정신을 차려 보니 경제는 중국에 추월당하고 불황이 장기화되어 경제대국조차 유명무실하다. 정규직 자리를 지키기 어렵고 연금조차 보장받지 못한다. 행복도는 선진국 최하위로, 개발도상국보다도 아래다. 본래의 풍요로움에 있어 일본은 개발도상국보다 후퇴해 있다.

나의 여행 사랑을 알게 된 도쿄 후지국제여행사가 2012년 "이토 치히로와 함께 가는 ○○"이라는 여행을 기획했다. 참가자들을 안내하며 현지를 도는 여행이다. 이후 코스타리카에 세 번, 베트남에 두 번, 그리고 쿠바와 필리핀까지 방문했다. 이 책은 이 기획에 따라 2016년부터 2017년에 걸쳐 방문한 코스타리카, 쿠바, 우즈베키스탄, 미얀마에서 보고 들은 것들의 기록이다. 우즈베키스탄과 미얀마는 첫 방문이라 신선했지만, 코스타리카와 쿠바는 그때까지의 방문을 통해 쌓아 둔 지식을 내용에 포함시켰다.

애초에 여행 기획을 제안해 준 후지국제여행사의 오타

쇼이치 사장과 실제 기획을 다듬어 현지에 동행해 준 엔도 아카네, 이 책의 간행 창구가 되어 준 신일본출판사의 모리 사치코, 그리고 원고를 구석구석 읽고 적절히 조언해 준 다도코로 미노루 사장께 감사의 마음을 금할 수 없다.

오늘날 일본의 모습을 보며 고개를 갸웃거리는 분이야말로 부디 이 책을 읽어 주시길 바란다.

2017년 4월

벚꽃이 만개한 도쿄에서

이토 치히로

너나 할 것 없이 우왕좌왕하던 사이 이전과 다른 모습으로 바뀌어 버린 일상을 잠깐 내려놓고 시간을 1971년으로 돌려 보자.

도쿄에서 35명의 사탕수수농장 청년자원봉사단이 쿠바로 출발한다. 특유의 사회분위기 때문에 이미 몇 년 전 세운 생산목표에 한 번도 도달하지 못하자 쿠바 정부가 사람들의 노동 의욕을 북돋우자는 취지에서 마련한 초청 프로그램이다(체제 선전용은 아니었다. 46만 엔이라는 만만찮은 참가비까지 내야 했으니까). 참가자들이 내건 이름은 "승리의 날까지 영원히(Hasta la victoria siempre)", 아프리카로 건너가던 체 게바라가 카스트로에게 보낸 편지에서 따왔다. 쿠바 중부의 사탕수수밭에 도착한 봉사단은 현지 청년들과 짝을 이뤄 움직였다. 노동 강도가 만만찮았지만 점심식사 후에는 어김없이 오침시간이 주어졌고, 덜 피곤한 이들은 언어교환을 하거나 악기를 연주하며 노래를 불렀다. 쉬는 날이면 밴드가 찾아와 춤판도 벌어졌다. 한 달에 두 번 주어지는 외출시간엔 해수욕을 하러 가기도 했다. 6개월에 걸친 체류 기간이 끝나갈 당시 도쿄대학교 법학부 2학년이던 우리의 저자 이토 치히로 선생의 세계관에 변화가 일어났을 거라는 데는 재론의 여지가 없을 것이다.

2년 뒤 저자의 삶에 두 번째 기회가 찾아온다. 이름 하여 '모험기획 공모'.

이미 〈아사히신문〉 채용시험에 합격했지만, 스페인어와 루마니아어 구사가 가능하던 그는 '집시 조사 탐험대'라는 기발한 아이디어로 다시 여행길에 올랐다. 입사 예정일 따위는 머릿속에서 지워버린 지 오래였다. '아시아 출신 집시'를 자처하며 '현지 집시' 부족을 따라 동유럽을 누비다가 일본으로 돌아와 집시어 사전을 출판하고 일간지에 르포를 연재했다. 흥미로운 건 르포를 연재하면서 저널리즘의 묘미에 눈을 뜬 그가 다시 한 번 〈아사히신문〉의 문을 두드렸다는 사실이다. 도쿄 본사 외신부를 거쳐 뉴스 주간지 『AERA』 창간을 주도한 저자는 특파원으로 아메리카와 유라시아대륙을 누볐다. 하지만 그와 가장 어울리는 커리어가 등장하는 건 언론사 퇴직 이후다. 프리 저널리스트로 현지를 취재하며 돌아다닌 나라가 무려 78개국에 달한다.

이 언저리에서 혹시 '그래 뭐, 여기저기 많이 돌아다녔나 보지' 하며 책을 덮으려는 독자가 있을 수도 있겠다. 만약 그렇다면 부디 재고해 주시길. 저자의 행보가 우리에게 매력적으로 다가올 수 있는 이유는 그의 여행 이력에 나름의 기준이 있어서다. 두 차례에 걸친 '인생 여행'을 계기로 인간적인 사회를 추구하는 지향점을 갖게 된 저자는 소국, 다시 말해 '작은 나라(small country)'에 주목했다. 그가 말하는 '소국'의 의미는 권력정치(power politics)의 '소국'과 다르다. 마이너(minor), 취약(weak) 또는 결여(lesser) 같은 것들과도 무관하다. 즉 부족한 물리력으로 스스로의 안전을 확보할 수 없어 타국이나 국제기구에 기대고, 저개발 등에 의해 파국을 맞이할 수밖에 없는 나라가 아니다. 안으로는 직접민주주의의 가능성을 실험하고, 밖으로는 평화주의에 근거해 갈등의 해결점을 모색하는 지혜를 가진 나라다.

'소국 주제에 그런 게 가능하겠느냐'고?

우리의 의지와 관계없이 순전히 코로나19 때문에 맞닥뜨리게 된 이른바 '대국(들)'의 무력하고 우울한 민낯을 떠올려 보자. 불과 10개월 전만 하더라도 상상조차 힘들었다. 통계를 기준으로 순위를 매기는 숫자놀음을 하자는 게 아니다. 적게는 8개, 많게는 20여 개 나라를 빼면 이름조차 온전히 기억하지 못하는 세계관에 아무런 문제도 느끼지 못했던 세계관이 문제다. 『늠름한 소국』은 의미 없는 부대낌 속에서 살아 있음을 확인하던 강박으로부터 '격리'된 우리 삶에 대단히 상징적인 의미로 다가오는 여행서요, 교양서다.

군대도 원전도 없고, 초등학생도 헌법재판을 요구할 수 있는 코스타리카에서 시작된 여정은 개인숭배를 지양하며 묘비에 '풀네임'조차 새기지 않은 지도자와 헤밍웨이가 함께 살던 쿠바에 도착한다. 세계사 교과서마다 페르시아와 당나라의 공유지처럼 묘사되던 실크로드 한가운데 미지의 국가 우즈베키스탄을 거쳐, 우리 못지않게 처절한 투쟁 끝에 평화적 정권교체와 민주화를 이룬 미얀마에 도달한다. 그렇게 맺음말을 읽을 즈음이면 어느새 무심코 지나온 여행지에서의 기억의 조각들이 하나의 그림으로 완성되거나, 하늘길이 열리는 날 가장 먼저 예매할 항공권의 목적지가 정해질 것이다.

『늠름한 소국』을 번역, 출판하는 과정에서 한국과 일본 두 나라의 많은 분들께 신세를 졌다.

책의 번역을 허락해 주시고, 한국의 독자 여러분에 대한 애정, 필자와 나름북스에 대한 신뢰와 격려를 담은 한국어판 서문을 써 주신 이토 치히로 선생, 언제나 가장 가까운 자리에서 형제의 사랑으로 북돋워 주시는 다도코로 미노루 신일본출판사 대표이사 사장 겸 편집장, 평생의 은인이자 은사, 존재만으로 큰 힘이 되는 의형 시미즈 다카시 도쿄대학교 대학원 종합문화연구과 교수, 필자가 소개하는 책들을 매번 한국의 독자 여러분을 위해 최적화된 '멋진 신간'으로 재창조해 주는 나름북스 동지들, 꿈을 공유하는 동료이자 여러 면에서 다르지만, 그런 이유로 매순간 새롭고 소중한 친구 〈뉴스톱〉 김준일 대표, 업무뿐 아니라 인간적으로도 든든한 조언자 역할을 마다하지 않으며, 가족처럼 뒷바라지해 주시는 송영훈 이사, 열화와 같은 성원으로 필자에게 특별한 삶을 선사해 주시는 '막강한 배후세력', "홍상현의 인터뷰" 독자 여러분, '별난 친구'를 시종일관 지지하며, 어떠한 도움도 기꺼이 제공해 주는 벗 〈경향신문〉 국제부 김재중 차장, "사회과학 전문 번역자"라는 이름을 붙여 주시고 프로모터의 역할을 도맡고 계신 주간경향부 정용인 부장, 두 나라 매체를 넘나드는 바쁜 일정 속에서 몇 차례나 예민함을 드러내는 필자의 부족한 사람됨을 혜량해 준 YTN 문화생활과학부 홍상희 차장, 마리끌레르영화제에 불쑥 나타난 '정체 모를 사내'에게 후의를 베풀어 주시고, 지금 이 순간까지도 온정을 보내고 계신 MCK 퍼블리싱 손기연 대표, 영화관映畫觀을 공유하며 필자의 뒤를 이어 많은 글을 써 주리라 기대하는 듬직한 후배 〈코아르〉 오세준 기자, 여전히 세상에 익숙해지지 못하는 필자의 밤낮없는 하소연에 귀를 기울여 주는 캘리포니아 산호세의 황장석 작가, 가끔 나누는 안부에서조차 느껴지는 겸허하고 온화한 성정으로 필자를 절로 미소 짓게 만드는 허희 문화평론가, 부천국제판타스틱영화제라는 새로운 세계를 만나게 해 주신 멋진 형이자 조력자 김봉석 문화평론가, 자상한 선배이자 가장 힘겨운 순간 기대어 쉴 수 있는 큰 나무이

신 민성욱 전주국제영화제 부위원장, 세상모르던 철부지가 지천명을 바라보는 나이가 되기까지 태산처럼 든든한 모습으로 필자의 곁을 지켜온 형 건국대학교 중국연구원 김용민 선생, 밤낮 신세만 지는 필자에게서 따듯하고 너그러운 시선을 거두지 않으시는 아주대학교 사회학과 노명우 선생님, 예술관은 물론 일상의 소회까지 공감하며 아낌없는 응원을 보내 주시는 고려대학교 미디어문예창작학과 박유희 선생님, 마지막으로 이 책의 실질적 주인인 한국과 일본 두 나라의 출판 노동자 여러분께 이 지면을 빌어 감사의 마음을 전한다.

2020년 10월 19일

홍상현

늠름한 소국

2020년 12월 1일 초판 1쇄 발행

지은이 이토 치히로
옮긴이 홍상현

편집 조정민 최인희
디자인 이경란
인쇄 도담프린팅
종이 타라유통

펴낸곳 나름북스
등록 2010.3.16. 제2014-000024호
주소 서울시 마포구 월드컵로15길 67, 2층
전화 (02)6083-8395
팩스 (02)323-8395
이메일 narumbooks@gmail.com
홈페이지 www.narumbooks.com
페이스북 www.facebook.com/narumbooks7

ISBN 979-11-86036-60-0 03900
값 15,000원

이 도서의 국립중앙도서관 출판예정도서목록(CIP)은 서지정보유통지원시스템 홈페이지(http://seoji.nl.go.kr)와 국가자료공동목록시스템(http://www.nl.go.kr/kolisnet)에서 이용하실 수 있습니다.
(CIP제어번호: CIP2020048187)